生命教育

何福田　策畫主編

何福田、吳榮鎮、鄭石岩、孫效智、陳浙雲、丘愛鈴
吳庶深、黃麗花、紀潔芳、劉可德、張淑美　著

策畫主編簡介

何福田

學歷： 國立政治大學教育學系學士、碩士、博士

美國印地安那州立博爾大學（Ball State Univ., Muncie, Indiana）研究

美國春堤大學（Trinity College, Hartford, Connecticut）榮譽博士

經歷： 台北市政府教育局秘書

台北市立女子師範專科學校實習輔導室主任

淡江大學系主任、主任委員、執行長

國立高雄師範大學教務長

國立彰化師範大學教育學院院長兼圖書館長

國立屏東師範學院校長

玄奘大學校長

國立教育研究院籌備處主任

作者簡介

（依各章順序排列）

何福田 （第一、十一章）

見策畫主編簡介

吳榮鎮 （第二章）

學歷：國立政治大學東亞研究所法學博士

經歷：教育部訓育委員會第三組主任

現職：大仁科技大學應用外語系副教授

鄭石岩 （第三章）

學歷：國立政治大學教育學系碩士、美國奧亥俄大學研究

經歷：曾任教育部訓委會常委及任教於國立政治大學

現職：心理學家、作家

孫效智（第四、十二章）

學歷：慕尼黑哲學院哲學博士
經歷：國立台灣大學哲學系講師、副教授
台灣生命教育學會籌備會主任委員、衛生署醫學倫理委員會委員、教育部生命教育委員會委員
現職：國立台灣大學哲學系教授、台灣生命教育學會理事長、生命教育全球資訊網召集人、教育部生命教育諮詢委員會委員

陳浙雲（第五章）

學歷：國立台北師範學院課程與教學研究所碩士
經歷：台北縣教育局課程督學、台北縣國教輔導團輔導員、台北縣青少年輔導團副團長、輔導員、國立台灣藝術大學師資培育中心兼任講師
現職：台北縣莒光國小校長、教育部人權教育課程與教學輔導諮詢小組委員

丘愛鈴（第六章）

學歷：國立台灣師範大學教育學系博士
經歷：國中英語教師、七十七年高等考試「教育行政人員」類科及格、考選部科員、教育部高教司、學審會專員、世新大學師資培育中心助理教授、國立高雄師範大學師資培育中心助理教授、教育部綜合活動學習領域教科書審定委員、國民中小學九年一貫課程推動諮詢會議—課程與教學輔導組—綜合活動學習領域輔導群委員
現職：國立高雄師範大學教育學系副教授

iv

吳庶深 （第七章）

學歷：英國伯明罕大學教育學院哲學博士
二〇〇三年取得美國死亡教育與輔導協會所頒發的死亡
學專業證照（Certified in Thanatology）

經歷：國立台灣師範大學衛生教育學系助理教授
教育部生命教育工作小組委員
中華民國安寧照顧基金會學術委員
得榮社會福利基金會生命教育專案諮詢委員

現職：國立台北護理學院生死教育與輔導研究所助理教授
高中健康與護理科課程大綱制定委員
高中生命教育選修類課程大綱制定委員
台北市政府教育局生命教育推動委員會委員
台北市社會局殯葬業諮詢委員
台灣安寧照顧協會理事
台灣生命教育學會理事
雙福基金會董事

黃麗花 （第七章）

學歷：台北市立師範學院國民教育研究所教育學碩士

經歷：台北市國小教師
台北市政府教育局生命教育推動小組教材研發組成員
中華民國老人福利推動聯盟、殘障聯盟生命教育教材編
寫委員

現職：花蓮縣北埔國小教師

紀潔芳 （第八、九章）

學歷：國立中興大學農業經濟研究所碩士

經歷：國立彰化師範大學商業教育學系副教授、教授兼圖書館
館長、教育部商職學校評鑑委員、台灣地區商職學校技
能競賽總召集人、教育部技職校院第七、八屆評鑑委
員、教育部第五屆推動生命教育諮詢委員、澳門教育局
與澳門大學生命教育種子教師培訓教授

現職：吳鳳技術學院講座教授（生命教育領域）

劉可德 （第八章）

學歷：國立台灣師範大學科技系博士肄
國立彰化師範大學商業教育所碩士

經歷：長庚醫院醫療事務科事務員、基隆市稅捐處稅務員
國立台灣大學組員、國立台中師範學院組員
國立彰化師範大學商業教育學系兼任講師
國立勤益技術學院企業管理系兼任講師

現職：國立台中教育大學組員

張淑美 （第十章）

學歷：國立高雄師範大學教育系哲學博士

經歷：國中教師、大學助教、講師、副教授
中華生死教育學會第一、二屆理事
高雄市政府生死教育手冊指導委員
教育部第四、五、六屆推動生命教育諮詢委員會委員

現職：國立高雄師範大學教育學系及生命教育碩士專班教授

策畫主編序

　　生命教育（life education）從一九九一年開始在小學推動，繼而擴至中學，到二〇〇一年更由時任教育部長的曾志朗博士宣布為「生命教育年」，如今匆匆又過五年，從最簡單的推論方式——學生就學人數逐年遞減，學生自殺人數逐年攀升——即可知生命教育倡導尚未成功，國人仍需努力之處猶多。

　　為什麼我們大家仍需努力呢？從表面看，提倡生命教育十幾年，學生自殺人數不減反增，不就說明生命教育應該改弦更張或乾脆廢棄嗎？我認為不對。問題不在生命教育本身，而是推動的時機太慢。換言之，生命教育的推動未在問題浮現前實施，已失預防的先機，等到問題嚴重才大聲疾呼，已是在亡羊補牢，實施治療的工作。我認為假設若干年前不力倡生命教育，今日嚴重程度何止如此！

　　我們雖然力倡生命教育，但是效果顯然不是十分令人滿意；連生命教育最基本的要求——防止學生自殺——都沒有改善，其他更高遠的目標就不言可喻了。處於這樣的情境，難免又會產生「生命教育何去何從」的迷惑。譬如：既不見明顯效果，何不放棄？學科已經多不勝數，何必再錦上添花，增加師生負擔？我以為這些都是似是而非的想法。

　　不可放棄推動生命教育之想法，前已略微述及，然生命教育實施績效未符各界之殷望則為不爭的事實。這就使我們想到類似這樣的問題：既已對症下藥，何以未見療效？對於這問題，首先，我們可能會想到藥劑的質與量：藥劑的質是否夠好？藥劑的量是否「過

與不及」？然後，熟悉研究的人，也許會想到在用藥期間，是否有所謂「無關變項」（extraneous variable）的干擾，致使藥效大打折扣或竟產生質變與量變？這些問題，研究生命教育的學者要嚴肅面對。

至於生命教育是否為一新增學科，在當下師生負擔都感沉重的時刻湊上一腳，成為多此一舉的想法，顯然有澄清的必要。質言之，生命教育是「教育大觀園」裡面的一塊或一景。換句話說，它不是新開發的處女地，它的立論基礎與教學措施都在「教育」的範圍內，一有悖離「教育」絲毫，它就不是生命教育。它是「教育大觀園」裡的一景，但是它的道路、溝渠跟別的景點是互通的。難道您會堅持「自尊的教育」是生命教育的理念，卻不是生活教育或一般教育的理念嗎？難道您會認為「教導學生認真過生命中的每一天」只是生命教育的專利，而與其他各科的教學無關，甚至與此相反嗎？如此說來，生命教育的理念與做法就是教育的理念與做法，各級學校的老師們，除非您不知道教育的理念與做法，否則，生命教育怎會是新增學科？又怎會增加師生負擔？

話雖如此，擔任「生命教育」學科的老師，以及將生命教育融入各科教學的全體老師，卻不能不在「生命教育」這個園區、這個景點多加觀察、欣賞、研究與體悟。您可以謙稱不是生命教育的專家，但您不能推卸責任說您不懂生命教育為何物，更無任何理由在適當的情境下不進行生命教育。這也是本書各位作者想為您略盡棉薄之力的主要想法。

何　福　田

二○○五年十一月

於國立教育研究院籌備處

目録

C o n t e n t s

第一章

推動生命教育的必要與認識

何福田

壹) 因為需要生命教育，所以大力倡導

　　需要什麼，或缺乏什麼，就加強什麼，或倡導什麼，這是大家都能理解的道理。近若干年來，社會大眾對生命愈來愈不愛惜，愈不尊重，常有傷害自己與別人生命的情事發生，手段極兇殘，情緒極激化，傷害自己認識的同學、同事、配偶、尊親、子女，不認識的無辜老、弱、婦、孺，其殘忍手段甚於對待敵人。

　　教育部前部長曾志朗成立「教育部推動生命教育委員會」並宣布二○○一年為「生命教育年」，不是為了預防大家不愛惜生命、不尊重生命，而是為了治療這個令人憂心的問題。以往並非沒有生命教育，只是實施效果不佳，現在要特別強調、特別凸顯它的重要性與急迫性罷了。

貳) 知識經濟與生命教育必須並駕齊驅

　　在教育目標分類學（Taxonomy of Educational Objectives）裡把教育目標綜合歸納成三大領域：認知、技能與情意。生命教育的內容

三者皆具,但以情意領域的內容為主,其餘為輔。試問殺人者有幾人不知殺人有罪?不知不該殺人?絕大部分都是一時衝動,按捺不住情緒而鑄成大錯,只有職業殺手是頭腦冷靜的。所以推動生命教育要從「情意領域」的教學下手才不會走錯方向。否則清華大學洪姓研究生,她知識豐富、技能精熟,如果不是道德情操出了問題,怎麼會對情敵用「王水毀屍」?從來擾亂社會秩序,造成人心不安的,都不是學校的認知教學不夠,或技能教學不精,而是情意教學失敗。

二十世紀,由於科技的進步發達,人類創造許多財富,人們在享受的同時,也飽受威脅。二○○一年九一一美國曼哈頓雙子星大樓的浩劫,說明「仇恨」這麼簡單的東西,竟能在瞬間毀滅長期積累的科技產物與人類文明。想必誰也沒料到人們竟以這樣的手段來告別二十世紀,迎接二十一世紀,寧非諷刺之極?

二十一世紀該怎麼走下去?以往科技經貿與人文關懷的失衡還要持續下去嗎?新的顯學——知識經濟真的可以給二十一世紀的人類帶來幸福嗎?我不反對知識經濟,但擔心只重視它而無配套措施相偕前進,必然重蹈過往智育掛帥、經濟掛帥的覆轍。果真如此,知識經濟只是過度重視科技經貿而輕忽人文關懷弊病的「化妝術」而已,我們仍然沒有從慘烈的史實中獲得教訓。

顧名思義,知識經濟是以知識為手段,經濟為目的。現在又再強調知識與經濟,固然可能有助於社會繁榮,但也可能加劇智愚鴻溝。人類智愚賢不肖本來是存在的事實,縱然經由教育的努力,人類普遍變聰明是可能的,但每個人變得一樣聰明則是不可能的。所以個別差異依然存在,還有可能因為過於強調知識的重要(相對忽視情意的培養)而加大智愚的距離。吾人若要維繫這種與生俱來的

不平等，或經教育結果而造成的另一種不平等而能使其相安無事，較好的辦法不是科技或知識，而是人文與關懷。

生命教育就是人文關懷的具體表徵，在二十世紀的時候，人們沒有把它跟科技經貿與知識等量齊觀，造成人心與社會的失衡，猶如人之雙腳，左右步伐大小不一，一路走來，奇形怪狀驚險萬分。現在知識經濟高唱入雲，如果不趕快倡導生命教育，讓兩者並駕齊驅，而又重蹈二十世紀的覆轍與延續二十世紀的錯誤，將來的災難一定比過往更慘烈，那就不是沒有知識的問題，而是沒有智慧的問題了。

參　生命的層次觀

推動生命教育，首先要讓學生知道生命究竟是怎麼一回事，怎麼生，怎麼死，才能顯現生命的意義與功能。一個人在其有生之年其所經歷之事物，有些是可以由人抉擇的，有些是只能接受的。這在推動生命教育時不可不先予以辨明，同時也是必須讓學生了解的。生命可以視為一物，也可以分為「生」與「命」二者。如有無生命即是一件事，而生而有命好、命壞之別，即是兩件事。愚意以為：若視生與命為二事，則宜「爭生」，但要「安命」。

一　爭生——希望生生不息，這是宇宙間的事實

㈠生機：爭取出生的機會

每個人都是經由父精、母卵結合而成。他／她能來到這個世界並不簡單：億萬個精蟲同時奔向母卵，看誰能夠先馳得點，攻下城池。最先攻進母卵的精蟲獲得生機，其餘的精蟲都得犧牲，變成養

分，供養胎兒。人生中再無如此慘烈的競爭與鬥爭，這不僅是成者為王，敗者為寇而已，敗者必須獻上性命以其身體充作贏者的養料，其競爭之劇烈與代價之高昂，無與倫比；其勝利之可貴，亦無與倫比。

每個來到世間的個體，因競爭勝利而有生而為人的機會，如果這樣高難度的勝利還不值得謳歌，那人世間再也沒有什麼可以謳歌的了。因此，不論是否長得英挺瀟灑，抑或其貌不揚，也不論是否生為王侯貴冑，抑或販夫走卒，都像凱旋歸來的部隊：騎在馬上威風凜凜的將軍，固然是英雄，受人崇拜；走在人群中殘而不廢的士兵，大可展示其槍傷劍痕，無一不是光榮的記錄。

㈡**生存：爭取存活的機會**

嬰兒一出娘胎，助產人員讓其呱呱墜地，從此刻起，嬰兒才正式加入人類行列。但其十分脆弱，如果乏人照顧，便會死亡。吾人雖不清楚嬰幼兒遭遇危急存亡之時有何意念與感受，但觀其掙扎的情形，當亦有「爭」的事實，此即為存活而爭生。

㈢**生活：爭取活得比較好**

人一旦能夠存留下來，便希望能活得長、活得久。為了能活得長長久久，便先要有最起碼的生活條件，就是不被餓死。因此，人人都得「營生」不能坐吃山空。在求生活的過程申，難免你爭我奪，運用各種方式改善生活條件。一部人類發展史就是人們爭取較佳生活方式的奮鬥記錄。

㈣**生義：爭取活得有意義**

人無存活的顧慮，便要講究生活的品質，培養生活的品味，追求生命的意義。人有閒暇，便會思考為何要生？為何要死？這些牽涉人生哲學、宗教哲學、倫理學、生死學的問題。像俗話常說的不

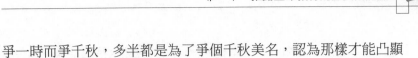

爭一時而爭千秋，多半都是為了爭個千秋美名，認為那樣才能凸顯不虛此生，而能在芸芸眾生中爭得一席之地。

二　安命——不與命爭，庶可無憾

(一)受命：樂受遺傳

人之身體髮膚受之父母，別無選擇；人之性別、人種、智愚、高矮、美醜等等，得之於機率或遺傳，能改變者極為有限，甚至絕無可能，如果拒不接受，常成庸人自擾。因此，樂於受命，承認事實，面對問題，反而比較聰明，較少煩惱。

(二)抗命：邁向成熟的偶然出岔

不是人人都會經歷「抗命」的階段，但是有些年輕人遇到挫折，便會有叛逆思想與行為：如為什麼我沒有她漂亮？為什麼我不能像男生那樣自由？為什麼我不如別人聰明、有錢、有勢？其實，成人也有抗命的情形，譬如不能安貧樂道，便想一夜致富，結果不是白費心機就是悔不當初。因此，抗命的行為多半吃虧多而得利少，吃虧多了就會學乖，學費繳多了便會學到經驗而邁向成熟。

(三)知命：安其所有與安其應有

孔子十有五而志於學，三十而立，四十而不惑，五十而知天命，六十而耳順，七十而從心所欲，不逾矩。我們絕大部分的人都在四十歲時就已知道自己是什麼材料，有多少斤兩了。

知命是指自己知道自己的人生方向，如應該從事何種行業？有沒有當總統的可能？會不會富比 Bill Gates？能不能獲得諾貝爾獎？因為對自己了解多了，故而更加安分，生活就會比較安定。

(四)立命：盡本分與盡其在我

北宋陝西郿縣張載（世稱橫渠先生，1020-1077）名言：「為天

地立心，為生民立命，為往聖繼絕學，為萬世開太平。」簡單的說，就是想就自己的能耐為別人做點正事。比如為子孫積一點產業，為年輕人指引人生的方向，為自己留點東西在後世。亦即希望將生命的有限性延長為無限性。

文人著書立說就是希望教化當代、影響後人。從表面上看，好像超越自我，掙脫限制，有違反「安命」之嫌，其實「立命」只是就本有的潛能充分地釋放出來而已，任何人做不出超越自己潛能的事情來。然而也有人認為：任何豐功偉業都經不起時空因素的考驗，與其為濟世而苦口婆心、摩頂放踵、勞瘁一生，不如自享清福、及時行樂，反正人生不過是黃粱一夢，終究是落得黃土一抔，何苦人無百歲，懷憂千載？

㈤順命：逆來順受，安寧就死

人類任何努力想要超脫生命大限而能長生不老不死，尚無成功案例。即使人們千不甘萬不願，終究不免一死。因此，人對生命大限這個問題是個無所逃遁的問題。出生於德國，求學於美國，任教於日本的生死學者阿魯豐斯・德肯（Alfons Deeken, 1932- ）認為生命教育乃是為了活得更好而「為死所做的準備教育」（王珍妮譯，2002，《生與死的教育》，台北：心理）。大限來時回天乏術，掙扎無用，只能順其自然，平安接受。

肆　推動生命教育的基本認識

經過二十世紀如火如荼地發展科技經貿，相對地忽視人文關懷，造成蠻橫的富豪，讓人覺得不很舒服。二十一世紀一開始，我們又高唱「知識經濟」主調，令人憂心依然忽視人文關懷，所以不得不

大聲疾呼，人們必須以熱衷知識經濟的勁道來實踐生命教育的理念，才能免於重蹈二十世紀的覆轍，營造二十一世紀人類的幸福。

　　生有輕於鴻毛，死有重於泰山，只有生死逢時，才能讓生命格外顯現其意義與功能。生命是有層次的，推動生命教育的工作者了解了「爭生」與「安命」的道理，就能把握教育的方向。

　　從生機、生存、生活、生義，層次愈來愈高，但其特質都要「爭」。人們打從在娘胎裡就開始爭取出生的機會，繼而爭取存活的機會、爭取活得比較好、爭取活得有意義，一路下來，到了老死，還要爭個名分、定位，好在墓碑上刻上「顯考」做過什麼，官至什麼；「顯妣」做過什麼，傳世什麼。

　　「命運掌握在自己手中」是一句勉勵年輕人在平時要多努力的好話。年輕人能夠因此而多努力絕對是有好處的，師長並沒有構成欺騙的罪嫌。事實上命運像泥鰍，偶然抓得到，多半抓不到也抓不牢。假如命運可以掌握，二○○一年九一一美國曼哈頓雙子星大廈裡的那些財經人物就不會去上班而能逃過一劫。因此，有些命運是機率的安排，必須逆來順受，別無他法。台灣一九九九年九二一中部大地震，這是不折不扣的天災，誰也無法掌控，不甘心不接受又能如何？二○○一年九一一災難是百分之百的人禍，雖說也有預防的可能，但以美國情報之靈通，也只能乾瞪眼，最多來個較有效率的善後處理，受難者不甘心不接受又能如何？

　　生是值得謳歌的，死是無可奈何的。生命得之如此不易，怎可任意輕生殺生？對於生死的傳說很多，但對於死則古今中外甚為相似。「全世界無論哪個種族、宗教的人，對於瀕臨死亡都有很相近的說法，就是會看到一束神秘白光或一個白色的隧道。但是經過研究發現，這不過是腦部缺氧的結果」（曾志朗，2001，《小學生做

研究》序，台北：正中）這是「臭皮囊」油盡燈乾的自然現象，縱令神醫華陀也束手無策，吾人除了順其自然，爭有何用？

　　生命教育就是要讓學生知道可以「爭生」，但必須「安命」，否則不能抓住要點。

本文轉載自：《研習資訊》19 卷 2 期（2002.04）。

第二章

生命教育推動的現況與展望

吳榮鎮

壹) 前言

　　教育的終極目的在於使人類生命永續發展與提昇。但是，我國教育的發展，雖然多了學校自主、校園民主及文憑的追求，其結果卻使學生失去了諸如健康、整潔、倫理、道德、尊重、關懷等主要生命元素，導致為人處事失去分際、自我迷失，生活於恣意妄行的價值錯亂中。故而，學生的熱誠關懷、充沛體力、專業素養、工作態度、團隊精神以及與大自然溝通的能力，一代不如一代。因此，我們應該反省的是，在教育上，如何進行「有生命的教育」？

　　由於教育主體是人，又現實生活中的人不是抽象與虛擬存在的孤立個體，而是類存在、社會存在、文化存在與自然存在等生命關係的總和。故而，生命教育要從「人學」出發，使人如何而可能自覺，在實際生活實踐上，有能力和他人、社會、文化與大自然活生生互動。例如，如何和自己、他人及大自然好好相處？如何扮演好當下職分的角色？如何在想領導別人之前，先學會被領導？

　　世界各國早已推動生命教育。例如，日本推動生命教育的始祖谷口雅春（1893-1985）於一九六四年出版《生命の實相》第二十六

生命 教育

卷第五章，首先提倡「生命的教育」的重要性，他認為，由於唯物教育的結果，導致親子、師生關係裂絕。採用生命的教育方法之後，能有效克服唯物教育的缺失[1]；在他死後兩年，其所著《生命的教育》才由日本文教社出版。

美國傑‧唐納‧華特士（J. Donald Walters）為實踐其生命教育的理想，於一九六八年在美國加州北部內華達山嶺腳下的丘陵地帶設立了「阿南達村」（Ananda Village），並於一九八六年出版《生命教育：與孩子一同迎向人生挑戰》（*Education for Life：Preparing Children to Meet the Challenges*）。他認為教育並不只是訓練學生能夠謀得職業，或者從事知識上的追求，而是引導人們充分去體悟人生的意義；現代的教育與生活脫節，無論學生的腦袋被填鴨式地塞進了多少書本知識，經過了十二年或十六年的教育，對一般事務與人生的了解，將和真實經驗完全脫節，對自我的了解更是匱乏[2]。

澳洲民間團體為致力於藥物濫用、暴力與愛滋病的防治，於一九七九年成立「生命教育中心」（Life Education Center, LEC）。

貳 ）我國推動教育的現況

台灣民間團體於一九七六年從日本引進生命教育。日本鹿昭景楊先生曾出版《生命教育法》，於一九七六年來台參加「日華合同研究會」，在大會上發表〈由比較教育學來看生命教育的世界地

---

1 谷口雅春（1893-1985），《生命の實相》（東京：日本文教社，1964），頁2。

2 傑‧唐納‧華特士（J. Donald Walters），林鶯譯《生命教育：與孩子一同迎向人生挑戰》（*Education for Life: Preparing Children to Meet the Challenges*, 1986）（台北：張老師，1999），頁4、78。

位），此後，生命教育被財團法人慈訊文教基金會於其開辦之「幸福家庭教室」親職教育中推廣。

　　雖然台灣民間團體早於一九七六年從日本引進生命教育，但是，一直無法成為主流教育的教材教法。前台灣省教育廳於一九九八年開始在倫理教育的基礎上，於學校推動生命教育。精省後，教育部於二○○○年八月二日成立「推動生命教育委員會」，研訂「教育部推動生命教育中程計畫」，並已設置了教育部「生命教育學習網」（http://www.life.edu.tw），鼓勵學校教育及社會教育將生命教育列為教材教法。期結合地方政府、各級學校、民間團體之資源，有系統推動生命教育（如圖 2-1）。

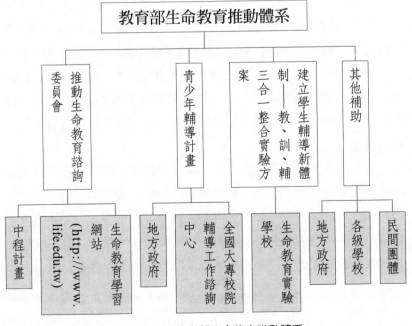

圖 2-1　教育部生命教育推動體系

說明：
1. 推動生命教育諮詢委員會：規畫辦理。
2. 青少年輔導計畫：由地方政府及大專校院於規畫「青少年輔導計畫」各項工作中納入「生命教育」為主題辦理。
3. 建立學生輔導新體制——教、訓、輔三合一整合實驗方案：分「個別學校式」、「（縣市）全面式」、「特定主題式」進行實驗。「特定主題式」鼓勵以「生命教育」為特定主題進行實驗試辦。
4. 其他補助：鼓勵民間團體、各級學校或地方政府自行申請補助辦理生命教育活動。

圖 2-1　教育部生命教育推動體系（續）

參　生命教育的展望

　　唯有人類懂得用正確的方法教育下一代，這是人類最值得珍貴的地方[3]。現代的教育並不缺乏高深的理論，缺乏的是正確的教育方法與生活實踐。因此，推動生命教育不需要深奧、難解、晦澀的教條，生命教育只需要尋常的生活常識和簡單易行的行為法則[4]。因此，展望未來，生命教育的推動需要有重心，以及回歸教育本質的教材教法。

　　首先，就生命教育的重心言，現行學校正式課程與非正式課程的內容已包含了諸多生命教育的內涵。例如：倫理與道德、公民、輔導活動、健康教育、音樂、美術、體育、性別教育、生活教育、環境教育等。惟囿於升學主義與急功近利思維的作祟，目前學校教育的教材教法大部分仍停留在「以教師為核心、以課本為重心、以

3　財團法人福智文教基金會，〈點燃生命之燈〉（91年暑期生命教育研習會，2002），頁9。
4　鹿昭景楊，沈木青譯《生命教育法》（台中：慈訊，1996），頁307。

教室為中心、以考試為目的」的知識灌輸，教育與生活脫節，導致學生知、情、意、行統合不足，難以透過課程的學習，認識自我、發展人際關係、維護生態環境與積極的人生觀。

　　因此，生命教育的重心在於培養孩子生命的活力（樂觀與毅力）、生命的成長（主動學習）、生命的實現（生活實踐）、生命的倫理（家庭、社會、工作、人際等倫理）、生命的興致（健康情緒與美感）、生命的意義（生命的期許）等等，依學生身心發展階段，融入九年一貫課程及其他現有課程中來落實。

　　其次，就教材教法言，目前很少數學老師會對學生說明，數學定理如何應用在生活邏輯、表達及溝通上；很少英文老師會教導學生對異國文化的尊重；很少歷史或地理老師會教導學生從歷史中學習「了解人」或得到借鑑；很少公民老師會教導學生行為經由其後果來檢驗其正當性；很少美術老師會教導學生將美學原理應用到生活環境或生態維護。很少國文老師會教導學生從古今文選中，檢視與比較古今社會價值的變遷。

　　因此，在教材教法上，本人認為可從下列幾方面來努力。

一　掌握教育目的

　　教育目的不僅止於資訊與知識，更在於生活智慧的獲得。台灣沈清松教授曾提出：「智慧的獲取，要從認識人開始，……從自我開始，到與他人相處，到貢獻社會，到實現理想價值。」；「智慧從生活中來」[5]。

　　美國教育學者杜威（John Dewey，1859-1952）說「教育本身就

5　沈清松，《追尋人生的意義：自我、社會與價值觀》（台北：台灣書店，1996），頁3。

是一種生活的歷程」;「是一種經驗的重組和改造的歷程」及「教育即是生活」[6]。

因此,教育目的在於生活智慧的獲得,使人有機會成為一個「人」,以及對於各種生活異化現象的克服與超越。故而,教育的終極關懷應該是引導一個人擁有積極自覺的生活智慧;對他人、自然有互為主體的意識;有傳承、豐富與發展文化規範的道德與倫理,並具體落實於生活中。

二 進行統整教材教法

教育產出了人格與人文失落的現象,部分原因與教材教法的扭曲有關。

因此,進行統整的教材教法實為當務之急,以培養學生擁有統整的生活智慧與能力,教師可以進行下列的努力:

(一)學校方面

1. 傳承普世價值:多元價值,必須以普世價值(世人共通的需求,合乎邏輯一貫性、經驗的檢驗性、道德的可行性。例如,整潔、衛生、健康、服務、尊重、勤儉)為前提,並以之為學校核心價值,學生將不會迷失於錯亂的時代洪流中。

2. 建築人文對話:布置有人文氣息的校園,注重學校環境與學生內心環境的溝通。

3. 進行典範學習:提供學生與聖賢、重要他人對話與學習機會。

4. 落實民主教育:領導別人之前先學會被領導,有能力說服別人,而非教訓別人。

---

6 黃光雄主編,《教育概論》(台北:師大書苑,1990),頁32。

(二)教師方面

1. 正念思維：正念看待學生，導引學生的善性。
2. 自我認同：認同教育志業、認同學校。
3. 樂觀積極：老師的微笑是學生最高興的事情。
4. 作為榜樣：成為學生的重要典範他人。
5. 隨機教育：擷取現實生活實例或結合社會現象脈動，進行普世價值教學。
6. 生活實踐：帶領學生進入校園、社區與大自然，進行生活實踐與服務學習。

三　豐富教學內涵

可從教什麼、如何教與何時教等三方面著手。讓學生在認知上，有機會了解自我、他人、社會及大自然的來源，有能力欣賞彼此之美與可貴；在行動上，則設計有關生活體驗課程與環境，讓學生有能力珍愛自己，尊重他人，熱愛大自然，營造互為依存的生活環境。

(一)教什麼

1. 教與自己的關係

目前台灣的危機之一是，把教育看作是「考試」，一切教育的異化就發生了。真正的教育是幫助孩子有自覺能力，願意主動學習。許多學業成績不好的學生，在求學的過程中，如果有老師、家長和他們真正對話，關愛眼神不只落在成績好的孩子上，書讀不來的孩子就不會失去了自尊與自信，就不會成為問題學生。因此，老師與父母應當發現孩子不同層面的優點，教導孩子發現自我及納悅自我。

2. 教與他人的關係

目前台灣的危機之一是，社會充斥著想教訓他人，以及與他人

辯論的人，他們卻普遍缺乏說服他人的能力。因此，教育與他人的
關係，就要養成系統邏輯推理思考問題的習慣。例如，教師、家長
及學生能以邏輯推理去思考問題，才能協助與導引孩子擁有說服他
人的能力。

3. 教與自然的關係

目前台灣的危機之一是，把「人」當作唯一的老師。卡普拉
（Capra,1982）在其《轉折點：科學、社會和新文化》一書中指出：
「我們必須採取生態學的世界觀來看待世界和進行課程設計。」討
論如何使課程的設置注重人與人、人與自然的依存關係並維持生態
服務[7]。

事實上，大自然與萬物，皆可作為人類的老師。因此，要破除
人定勝天的傳統教育思維，開創人與萬物對話的空間。人與大自然
的關係，已經不再是單純的利用關係，而是互為依存與平衡的關係。
故而，多識鳥、獸、蟲、魚、花、木與大地，應是教育的主要內涵
之一。

4. 教與文化歷史的關係

目前台灣的危機之一是，優良文化傳統的流失、家庭功能與社
會倫理的解體。這個問題主要展現在單親或失親的學生行為「冷
漠」、「孤單」與「虛擬」的現象愈來愈普遍，他們只有同儕關係，
與親友及社群的關係已日趨疏離。

傳統是有生命的，但是必須經由詮釋以化除時空的差距[8]。因
此，優良傳統文化價值必須詮釋與傳承。例如，懂得感謝父母與祖

---

7 張文軍，《後現代教育》（台北：揚智，1998），頁 91、92。引自 Cap-
ra, *The Turning Point: Science, Society, and the Rising Culture,* 1982。
8 傅佩榮，《新世紀的心靈安頓》（台北：幼獅，2000），頁 82。

先的家庭，才不容易出現問題兒童。

故而，應教育學生傳承、豐富與發展傳統優良文化中的家庭倫理、學校倫理與社會倫理等文化機能，誠如杜拉克（Peter. F. Drucker）在其選輯社會篇中提到「讓所有人民獲得高水準的基本文化能力，是教育的最高優先事項」[9]，否則人類的人格將日益虛擬化，有能力與電腦溝通，卻無能力與「真人」對話。

㈡如何教

1. 辯證教學

目前學校教育仍偏重記憶與單向灌輸，而非「互為主體」的溝通。因此，在教學中應加強思考、對話與辨證等溝通的歷程。例如，可以透過影片的欣賞與書籍的閱讀，師生共同討論問題。例如，為什麼男人有錢會變壞？為什麼女人變壞會有錢？婚姻可以用金錢交換嗎？性可以交易嗎？等等有關人生價值選擇的問題。

2. 情意教學

目前學校教育仍將考試與分數作為教育目的，老師的任務就是把進度趕完。因而，學生在作為考試機器的過程中被異化了。其實，老師最大的喜悅不是把教材進度教完，也不在於學生學業成績的高低，而在於了解學生，發現每個學生的優點與限制，想盡辦法鼓勵與協助不同資質的學生。也就是說，協助學生創造無限的契機。協助的方法包括激發學生的學習動機，建立其自信心，喚醒其創造力。學生保有學習動機，將來仍有大器晚成的機會。

3. 參與教學

目前學校教育仍偏重紙上談兵，台灣教育的困境之一，是教師

9　杜拉克（Peter F. Drucker），黃秀媛譯《杜拉克精選社會篇》（*The Essential Drucker on Society*）（台北：天下遠見，2001），頁200。

普遍熱衷擁抱深奧的理論，在教室裡坐而論道。但是，生活智慧的成長，須經現實生活硬碰硬的洗禮為見證。因此，可以設計課程，師生合作完成一件事，並分享成果的喜樂。例如，師生一起合作進行遊戲、種菜，養動物或種花、加強體適能及體驗活動，體會社會不同生活情境，以期懂得尊重他人，關懷弱勢人群。最後，要提倡服務學習，使師生在服務他人的過程中成長自己。

4. 榜樣教學

目前學校教育偏重政治與經濟精英的典範學習。但是，政治與經濟人物的言行已帶動社會的異化。因此，一個榜樣勝過一千個教訓，除父母與老師作為學生典範外，學校更可提供學生一些平凡人物成功的例子，即便是計程車司機、麵包店老板或殘障人士成功事例的現身說法，都能激發學生生活熱力與學習動機。

5. 民主教學

今古有關教材必進行價值對話。教師在教學的過程中，應隨機融入民主教育。故而，教師的通識能力要加強。例如，國文科老師教到「荊軻刺秦王」，就要隨機進行民主、法治與人權教育，提醒學生現在已是民主法治時代，任何人皆不可以對他人丟雞蛋、潑墨水或動用私刑；教到漢樂府「上山採蘼蕪，下山逢故夫，長跪問故夫，新人復何如？……」，就要提示學生，性別平等的時代意義。

㈢何時教

在教學中要盡可能依孩子及學生身心發展進行生命教育。

1. 一至六歲

為感官時期。此階段的兒童透過視覺、味覺、聽覺、觸覺來認識世界，因此，父母或教師要協助兒童透過動作（例如，戲劇、舞蹈、彩繪、音樂、遊戲、適當的工作），開發美好的潛能。

2. 六至十二歲

為情感時期。除感官時期的動作學習外（例如，戲劇、舞蹈、彩繪、音樂、適當的工作），另要透過童話，進行人生意義的教育；成功者的故事及歷史教材的閱讀，提供建設性典範角色與借鑑，對不同族群與文化的尊重；遊戲學習合作，與同儕建立和諧互助的關係，以及進行整潔、衛生、安全、仁愛、責任、秩序等普世價值的學習，養成兒童建設性的情緒與精緻的情感。

3. 十二至十八歲

為意志力時期。父母及教師常為這階段的孩子擔心。事實上，這階段年齡的孩子需要的是給與挑戰的機會。除延續情感時期的學習外，另要提供訓練（例如，露營、童軍活動、耐力考驗、勞動工作、紀律訓練），鼓勵孩子保有理想，並鍛鍊意志力，否則沒有體力及紀律的教育，一切將會失敗。

4. 十八至二十四歲

為思考的時期。除延續意志力時期的學習外，另要教導這階段的年輕人如何邏輯性的思考，養成全面性推理思考的習慣。並提供論辯訓練，學習說服別人、尊重別人見解及合作意願的能力。例如，有關民主政治的教育，必須強調合作與責任的重要性，否則這種民主形式將很墮落。

肆　結語

現有的學校教育制度、設施與師資學歷，要培養有「知性」的人並不困難，然欲培育有能力認識自我、尊重他人與珍愛大自然等生活智慧的人，則仍嫌不足。因此，我們有必要從我做起，好讓我

們與孩子擁有「人與自我、人與他人、人與社會、人與文化、人與自然」等相互依存的生活智慧與生活實踐能力。

首先，加強師生的合作探究與平等對話。由許多教育改革經驗告訴我們，抽離師生真誠互動與關懷的教育制度改變不了學生的人格；課堂制式教學提昇不了師生的關係；考試無益學生人生價值的培養。因為在那些異化與疏離的情境中，師生的互動是機械化的、形式的，以及相互剝削的。因此，為培養學生追尋相互依存的生活智慧，教師在教室上課之後，應多留一點時間在校園裡，進行校園漫步式的、生活關懷式的教學。因為經由師生真誠地互動，分享與體驗生活經驗的歷程，才能涵養人我相互依存的人生觀，這才是真正的教育。

其次，要自我認同教師志業。由於教育的重點不在於文字的學習，而在於身心健全的塑造與責任的承擔。因此，教師有必要不斷自我認識、自我成長、自我實現與自我超越，並透過「溝通」的歷程，提昇教育效能，才能使學生在人生的歷程中，擁有忍受、接受、感受，以及回饋他人、社會、文化與大自然的能力。

最後，要尊重每一個學生。相信每個學生皆具有其神性及佛性之善的本質。不要懷疑學生的天分與潛能，教育目的就是要把每個孩子最好的一面誘發出來。因此，要落實人人可教的理念，不可以嫌棄任何一個學生，應欣賞、肯定與鼓勵學生不同面向的能力與成就。我們應有下列的教育價值觀：有孩子、學生就好，今生有幸為人父母或教「人」的老師，已是人生最大的福分。

現任美國克拉克（Clark）大學校長曾蒐集一百二十八個名人傳記，發現名人對於他們心目中好老師的特質有三：一、有良好的教學方法；二、有愛心；三、能身教。在二十一世紀，知識的累積已

不是教育的終極目的，任何教育理論或行動之價值，必須經由其對人類永續發展及社會變遷的後果來檢證其正當性。總之，生命教育是回歸教育本質的教材教法，不是另增加教師負擔的新興議題。各科教師可以透過工作坊、體驗、觀摩、研習，以及生命教育資訊的取得，習得教材教法，只要在平常各科教學過程與活動中，採融入方式進行即可。

本文轉載自：〈政策解析〉，《學生輔導》82 期（2002.09）。

第三章

生命教育的內涵與教學

鄭石岩

　　生命教育的旨意，在於教導人珍惜生命，開展生涯，實現生活，豐富人生，並發現生命的意義。

　　人因為生命教育的薰陶，而變得有愛心和智慧，自我功能提昇，生活的興致和品質提高，社會適應良好，從而有個幸福成功的人生。

　　生命教育在於協助人與人之間的了解、互愛與尊重。它對於社會的安定，文化的提昇，經濟的發展，以及民主素養的提昇，具有正面的作用。

　　教育的重心應該是生命教育。學校所教的內容，家庭所教導的待人接物，無一不是培養學生認識生命，發展潛能，締造幸福的人生，開啟生命的意義與價值。

　　於是，就廣義來看，所有的教育都是生命教育。就狹義言，生命教育在於陶冶個人珍惜生命，開展生涯、實現生命的意義與價值。

　　生命教育包涵甚廣，然而無論哪一階段的教育，都沒有生命教育這門課；也沒有一門課可以單獨把生命中最重要的態度、能力和觀念作完整的傳授。於是，它注定要交給每一位老師，採用融入式教學，在平常課堂上進行啟發、體驗、探索和陶冶。

　　於是生命教育需要一個重心或主題，否則就容易流於空泛，甚至被其他教育主題取代。自從教育部於二〇〇〇年推動生命教育以

來，許多中小學校，把環保教育、兩性平等（或性別平等）教育、法治教育、人權教育等等，都列入生命教育，這當然有其道理。不過，這一來生命教育的主題模糊了。相對的，生命教育的教學和陶冶，就有被忽視的危險。

當然，環保、兩性、法治、人權都應受重視，且應持續地推動。不過，如果把這些教學內涵，安入生命教育裡，不但疊床架屋，彼此效果不彰，生命教育就會在「我們都在推動」的含糊籠統中被疏忽。於是，生命教育必須有個重心。

壹 ） 生命教育的重心

生命教育必須有個明確的教育內涵或重心，教育部因此規畫了十二個主題，供學校教師參考[1]。它包含欣賞生命、做我真好、生於憂患、應變教育與生存教育、敬業樂業、信仰與人生、良心的培養、人活在關係中、能思會辨、生命尊嚴、社會關懷與社會正義、全球倫理與宗教。這些內涵大體已包含生命教育的主要內涵。

不過各級學校學生，身心發展程度不同，生命教育的教材和教學計畫，擬訂不免有困難。而且十二個單元，包容甚多，如果沒有一個理論架構做為主軸，則教師在進行各科融入式教學，學校在擬訂單元教學時，就缺乏貫串全盤的視野。於是，透過課程發展技巧（DACUM），以及透過教育學與心理學的驗證，提出生命教育的重心。它包括：

• 生命的活力。

---

1 曉明女中，生命教育的十二個單元，2000 年發表。

- 生命的成長。
- 生命的實現。
- 生命的倫理。
- 生命的興致和快樂。
- 生命的意義。

我們可以把這六個重點，視為一座標的橫軸；每一個生命都必須發展這六個基本能力和態度。另一方面，生命教育必須配合學生心智發展的階段和學習能力，才可能把人教好，於是把心智發展的成熟程度，視為座標的縱軸。這一來，生命教育就可以因心智發展階段不同，設計出符合學生學習能力的教材和教學活動，並兼顧到實用性和現實需要。從而教育部原先規畫的十二個主題，也就自然融入前述生命教育六個重點之中。

此外，教學方法和學習活動，必須視教學的內容和學生心智發展的程度來設計，於是我們把它視為一個斜邊。這三條線，正好圍成一個面積，這是生命教育賴以落實的基本範疇，也是生命教育的重心所在。

貳) 生命教育的內涵

生命教育既已找出它的重心，就得進一步了解其內涵，這樣教學才有著力點，學生的學習始有具體的收穫，茲將六個重點扼要說明如下：

一 生命的活力

生命是一個艱難的過程，須面對許多挑戰和調適，因此需要一

股強勁的活力。缺乏活力就無法克服困難，展現人生；不能忍受挫折，就會逃避或麻醉自己，造成生命的挫敗。失去活力的人，會顯得退縮、沮喪、憂鬱或自我傷害。現代人生活在快速社會變遷之中，所面臨的是競爭和追求成長。人一旦失去活力，就會產生精神潰敗和自暴自棄的問題。於是培養活力是生命教育的第一個課題。其主要觀念：

- 活力包含精神和身體兩個層面。
- 活力表現出生命的實現、喜悅和創造力。
- 活力包括健康、樂觀、耐性和堅毅等因素。
- 活力是在日常生活教育中培養的。
- 學生透過體驗學習（或經驗學習）較能獲得這方面的能力。

人必須有活力，才能為生存努力。暮氣沉沉、消極悲觀、退卻與僵化等負面的態度，無法振作精神，適應現代生活。教育工作必須以活力的培養為優先，而它的重心是健康、樂觀與堅毅。

培養生命的活力，除了重視身心健康及體育運動之外，應特別重視樂觀思考模式的培養。根據馬丁‧席爾格曼（Martin E. P. Seligman）的研究：樂觀的人在遭遇挫折或逆境時，採取區隔模式思考，悲觀的人則採取擴散模式思考[2]。樂觀與悲觀的思考習慣，往往從父母、師長和同儕的行為中學習而來。生命教育顯然要從身教做起，並在日常生活中隨時指導。

二　生命的成長

生命是一個成長的過程，從未成熟到成熟，從需要照顧扶持到

2　馬丁‧席爾格曼（Martin E. P. Seligman），洪蘭譯《學習樂觀，樂觀學習》（*Learned Optimism*）（台北：遠流）。

獨立負責，它的特質是成長。特別是知識與能力方面，更需要不斷的學習新的適應和解決問題的能力。成長一旦停止，生命也就結束。

　　生命必須面對生存環境的不斷改變，所以要不斷學習和成長，才有好的適應能力。為促進生命成長，教學上應注意：

- 培養主動學習的能力和態度。
- 養成終身學習和隨緣學習的習慣，以適應變遷快速的現代生活。
- 發展良好的自我功能：有解決問題的能力，保持良好情緒生活和堅毅的精神力。
- 學習人際、合作和適應社會生活的能力。
- 成長的重點包括體能、心智功能、人際能力和社會生活等方面。
- 主動學習是從模仿、學習的樂趣和成就感中建立起來的。

　　二十一世紀的生活，由於生產方式的快速變遷，知識和技術的半衰期縮短，如果缺乏主動學習的習慣，在職場上勢必面臨被淘汰或失業的危機。生命是一個積極成長的過程，務必隨著時代、潮流和不同年齡階段，做新的學習和成長[3]。

三　生命的實現

　　人都得實現自己的人生，走出自己的生涯路。每個人都是唯一的、獨特的，都注定要依自己的根性因緣（包括體能、性向、興趣和特質），去發展其人生。他不可能變成別人，也不可能抄襲別人；他要接納自己，了解自己，實現自己。

3　Jeannette Vos 和 Gordon Dryden，林麗寬譯《學習革命》（*The Learning Revolution*）（台北：中國生產力中心出版）。

　　每一個孩子都有其特殊的才能，只要透過明朗化經驗（crystalli-zing experience）的教學，就能啟發出他的潛能。心理學家迦納（Howard Gardner）提出八種智慧類型：語言智慧型、音樂智慧型、數理邏輯智慧型、空間關係智慧型、肢體動覺智慧型、人際智慧型、內省智慧型、自然觀察智慧型。每一個類型的人，各有其擅長，學習的方式不一樣，生命教育必然要秉持因材施教的觀念[4]。

　　每個人的智能傾向不同，發展潛能互異。生命教育應配合多元智慧的教學，啟發個別潛能，協助孩子開展自己的生涯，讓他們都能走出自我實現之路。在這方面，我們要注意的是：

- 生活本身就是一種實現，體驗到實現就能帶來歡喜和滿足。
- 每個人所具有的潛能要比想像中多。
- 教育的目的之一是發現孩子的長才，協助他走上自我實現。
- 肯定孩子的才能，建立自信，孩子才會自愛。
- 幫助孩子試探和開展其潛能是教育的核心工作。
- 每個孩子的學習方式和風格不同，教學應考慮這項個別差異的因素[5]。

　　每一個生命之所以覺得有意義、有價值和有樂趣，是因為他實現了他、展現了他的生活與才華。每一個個體都能活出他自己，做一個有用、有價值的人。人能自我肯定，欣賞生命、珍惜人生，都是從實現中得來的。

4　Thomas Armstrong，李平譯《經營多元智慧》（*Multiple Intelligences in the Classroom*）（台北：遠流）。
5　Linda Campbell 等著，郭俊賢等譯《多元智慧的教學》（*Teaching & Learning though Multiple Intelligences*）（台北：遠流）。

四　生命的倫理

生命能生存下去，需要一套規範。我們透過生活的規範來保護生命，維持健康，提昇生活效能，與人建立和諧的關係，並透過合作和溝通解決生存問題[6]。倫理可分為：

- 修己倫理：培養刻苦、愛心、求真、平衡、延緩報償、挫折容忍力等等。
- 工作倫理：培養明白事理、廣博的見識、多方面的能力、好的工作習慣、勤奮、責任和毅力。
- 家庭倫理：培養孝順、友愛、禮貌、肯做家事和基本生活態度等等。
- 社會倫理：培養民主的素養、守法的態度、社會正義，對國家的愛與責任等等。
- 環保倫理：培養環保的觀念、資源的珍惜和對自然的了解、欣賞與維護。

生命的倫理建立在愛與智的培養。人人都應愛惜生命、欣賞生命；生命來自愛，最後也歸屬於愛。愛的本質是給與，而不是占有。依照弗洛姆（Eric Fromm）的理論，愛包含四個基本素質，那就是關懷、負責、尊重和了解。無論哪一個因素，都必須以知識和智慧，來判斷其正確性，所以愛也是一種能力。每一種倫理都是一種能力，因為它們要以愛和智作基礎[7]。

6　Scott Peck，邵虞譯《精神成長之路》（*The Road Less Traveled*）（台北：遠流）。

7　弗洛姆（Eric Fromm），孟祥森譯《愛的藝術》（*The Art of Loving*）（台北：志文）。

根據葛拉塞（William Glasser）的說法，倫理習慣較好的人，人際支持及自我價值感較高，他們的社會功能好，心理也比較健康。倫理習慣較好者與人合作學習較佳，參與各類活動多，能力的發展亦較好。

五 生命的興致

生命的存續必須是有興致的，這才活得起勁，活得快樂。有興致的人無論在學業、工作、休閒、與人交往都表現得起勁。生命如果缺乏興致，不免會暮氣沉沉，活得沒有朝氣和快樂。

有興致的人精神好，活得愉快，生活也跟著豐富起來。興致高的人願意參與活動，創造更多成就。科學家是在興致中研究，文學和藝術家在興致中創作，企業家在興致中經營發展。

興致的高低與個人的主動性、思考方式、創意和情緒有關。長期接受填鴨教學，透過威脅和壓力強制學習；缺乏好奇、探究和主動表現的學習；生活經驗狹隘以及情緒低落等等，都足以造成興致的低落[8]。培養興致的重點是：

- 重視樂觀思考模式的陶冶。
- 培養主動、好奇和探究的興致和習慣。
- 學習多方面的能力，以建立信心和參加各項活動的興致。
- 重視情緒教育與心理健康。
- 培養欣賞、表達和分享的樂趣。

興致屬於情意範疇，因此在教學上要重視身教和體驗學習。現代人生活壓力過大，情緒健康受到影響，不少人有了情緒困擾，諸

---

8 Joseph LeDoux，洪蘭譯《腦中有情》（*The Emotional Brain*）（台北：遠流）。

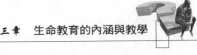

如緊張、焦慮、憂鬱、沮喪、怠倦等等，都足以對生活興致構成嚴
重威脅[9]。

六　生命的意義

　　人如果有了活下去的意義、價值和目標，就能承受生活的種種
挑戰。所謂「參透為何，就能迎接任何」，生命除了要讓自己活下
去之外，同時也在尋找它的意義。心理學家弗蘭克（V. Frankl）認
為：「生命一旦有了意義，就能健康的生活下去。生命的目的不只
是要去追尋一個意義，而是有了意義之後，才能活得好[10]。」

　　於是，一個人若能懷抱著崇高希望和意義，就能不斷鼓勵自己、
指導自己，走出光明的人生路。另一方面，人在不斷發現新的意義
中，生命變得既豐富又光彩。個人所懷抱的意義，正是他的人生觀
的來源。因此正確的、崇高的、符合人類理性與感性的價值，能帶
來幸福和成功。反之，則造成個人的墮落和挫敗。在這方面要把握
的是：

- 每個人都需要一套價值系統：包括對真理的奉獻、對人的服
  務、對生命的愛與拯救、對美的追尋、對宗教的虔誠、對人
  生的珍惜等等都是高貴的價值。
- 高級宗教的信仰是發現生命意義的重要線索。
- 瀕死經驗（near death experience）的研究和了解，有助於生命
  意義的建立。

9　Robert Ornstein 和 David S. Sobel，洪蘭譯《快樂就健康》（*Healthy Pleasure*）（台北：遠流）。

10　弗蘭克（Viktor E. Frankl），趙可式等譯《活出意義來》（*Man's Search for Meaning*）（台北：光啟）。

- 學生對生命意義的領悟，可透過身教、閱讀傳記、參訪及體驗活動等來培養。
- 宗教教育是值得現代人重視的，宗教是指高級宗教，而非迷信的宗教。

哲學家詹姆斯（William James）對宗教研究的結論，發現宗教信仰對於精神生活的提昇，有其一定的作用[11]。茲歸納出以下四點：

- 有形的世界是精神世界的一部分，前者從後者取得它的主要意義，它的根源是愛與智慧。
- 人與更高層精神世界會合，是人生的真正目的。
- 宗教的祈禱和感動，給人實在的經驗；宗教能給人情感的滿足和雄渾的精神力量。
- 它能給人一種安全、放心和祥和的性情，並產生自在感。

以上這六個生命教育的重心，既可以與教育部所擬十二個單元融合銜接，學校課程發展委員會及各學習領域課程小組，可循這六項重點，分年級擬定生命教育的融入式課程，藉以發展其教材和教學活動。

參) 心智發展階段與生命教育的實施

生命教育的課程、教材和教學設計，必須配合學生心智發展的程度，才會有好的教學效果。這六個重心，在不同年級心智發展階段，都應提出合適的教學目標、教材和教學活動。生命教育內容，可以由淺而深，隨著學生成長的需要，作適當的安排、增加和深化。

---

11 詹姆斯（William James），唐越譯《宗教經驗之種種》（*Varieties of Religious Experience*）（台北：萬年青）。

一 艾力克遜（Erikson）的人格發展理論 [12]

生命發展的各個階段，各自發展不同心力。每一種心力在開始發展之後，即持續配合新的心力，不斷發展下去。其各階段的發展情形是：

- 發展信任（○至一歲）
- 建立自律（一至三歲）
- 主動進取（三至六歲）
- 勤奮與好奇（六至十二歲）
- 自我認同（十二至二十歲）
- 創意與親密（二十至三十五）
- 生產的中壯年（三十五至六十）
- 生命的晚年（六十歲以後）

各個階段的心智發展不同，考慮的因素互異，生命教育和教材、教學和學習活動，必須配合人格發展的階段，方能做得好。茲分別說明如次：

(一)發展信任（○至一歲）

1. 生命的幸福奠基在信任與安全感上。

2. 孩子最需要的是擁抱和哺育、溫暖和祥和，如果沒有得到一定的滿足，會衍生出：

　　·對世界之不信任而不安，不能與人合作。

　　·害怕去嘗試，而失去良好的主動性，依賴性很強。

　　·不敢與人建立親密的關係，從而孤獨，不敢去愛人。

---

12 艾力克遜（E. H. Erikson），*Identity: Youth and Crisis*. New York: Norton, 1963.

3. 這段時間，最常有的不當教育是：

．常換褓母，會變得很黏人。

．父母的衝突。

．疏於保護和溫暖。

．過度的哺乳規律訓練。

．太少文化刺激而影響智力發展。

㈡學習自律（一至三歲）

1. 發展其自律（autonomy）的開始，自律得不到好的發展，生命將會是混亂失控的悲劇。

．訓練大小便過苛和受挫，就不容易發展自律。

．既要適應生活最基本規範，又不能有創傷的矛盾。

2. 發展自律的特質

．獲得獨立性，嘗試「個人能做什麼」檢驗其局限性。

．學習表達負面情緒，如妒忌、憤怒、攻擊、破壞，並學會控制它。

．發展自律性，將來才能抉擇、拒絕別人要求。

．學習自我控制和應付環境的能力。

3. 錯誤的教育是：

．保護太過、不肯讓孩子活動，不但影響身體平衡，更會使孩子怯懦。

．為孩子做得太多，造成依賴，壓抑孩子的自律性。

．怕孩子受傷害的態度。

㈢主動進取（三至六歲）

1. 發展主動進取，是一個人成長的動力，也是道德發展和快樂人生的基礎。

‧過度的紀律要求建立super-ego，會對自然的衝動感到內疚，怕提問題，盲目服從權威。

‧不建立 super-ego，會造成忽略他人。

‧發展能力（competence）和主動性（initiation），及發展接受挑戰的勇氣和信心。

‧性別角色的自然形成。

2. 最容易犯的錯是：

‧管得太嚴或放縱不管。

‧沒有帶孩子做事。

‧疏於獎勵他主動參與活動。

‧缺乏成功的經驗，信心不足。

‧羞辱孩子的性別角色。

㈣勤奮與好奇（六至十二歲）

1. 發展勤奮和好奇，這種特質是自我實現的資材，透過它才有健康的自尊和生涯發展。

‧發展獨特的心理社會任務，是健全發展的關鍵。對物理和社會環境的了解。

‧發展個人價值觀和參與社會任務：接受不同的人。

‧勤奮振作是指實現有意義的目標：

a. 樂於學習

b. 富於好奇

c. 聯想與統整新觀念

‧產生信心、自豪和毅力。

2. 這段時間的教育應注意：

‧學習、觀察、教孩子主動嘗試及作實驗。

‧參與社團、助人（人際互動）。

‧好奇、思考和活化經驗（crystallizing experience）。

‧發展助人的活動，如訪問養老院。

‧社會責任的教學——計畫教學。

‧發展各項能力和成就感。

㈤自我認同（十二至二十歲）

1. 自我認同完整，心理比較健康，人格發展趨於健全。生命的充實感與生涯實現的基礎因此奠定。愛人的能力、社會的適應、對人生的珍惜，都因為自我認同而有了基礎。良好的自我認同是：

   ‧穩定的自我概念。

   ‧不喪失自我地接納別人。

   ‧較少同儕壓力。

   ‧接納自己，能做決定。

   ‧有責任感。

2. 這階段的教學應注意：

   ‧反叛性強，教師要懂得處理衝突。

   ‧從優點教導法中建立他的自我認同：

   a. 給他成功經驗——認同的動力。

   b. 發展各種能力與嘗試——發展生涯及認同。

   c. 看出自己的優點。

   ‧學習自己做決定（自治、自制、成長）：

   a. 在一定範圍內，自己做抉擇。

   b. 自己做計畫——讀書計畫。

   ‧主動嘗試的機會。

㈥創意與親密（二十至三十五歲）

1. 發展創意和親密，使生命變得多采多姿、活力強，並發展幸福婚姻生活和家庭。

2. 創意是從出生開始一直都在發展。

3. 創意來自想像。

   ・想像＋事實的精通＋溝通→創意的發展。

   ・想像＋焦慮（孤獨、無助、懼怕）→症狀的出現。

4. 不要用懼怕來威脅孩子，懼怕是焦慮、緊張之源，任何一個階段用威脅和懼怕督促教學，都會壓抑主動性和創造力。

5. 形成親密關係的條件是：

   ・對自己有信心。

   ・自我承諾與責任。

   ・發展生涯，形成自己滿意的生活方式。

   ・是一個築夢踏實的時代。

㈦中年期（三十五至六十歲）

1. 是一個生產（generativity）的年代，在事業上發展，在生活上有更大視野的接觸。

2. 具備適當的愛、工作、娛樂的能力。

3. 到了壯年時，開始認識到與子女的漸漸分離，經歷第二次的獨立感。

4. 對生命死亡的評價會影響後半輩子的生活態度。

㈧生命的晚期（六十歲以後）

1. 適應晚年的生活：如適應喪偶、戶外活動以保持體能等。

2. 老人的自我統整，透過回顧過去，發現人生的價值，而感到滿足。反之，則易造成絕望、怨恨、自我否定。

3. 在最後的餘生中，更會尋找生命的意義與希望。

　　生命教育應隨著年齡不同，訂出不同的課程與教材。生命教育的課題隨著生命發展階段作適當教學。生命教育是一個人終生的大事，而不是只有學校教育階段才重視它。它必須擴及到社區大學、社會教育、老人教育等層面才正確。

二 柯柏（L. Kohlberg）的道德發展理論

　　他對道德發展之研究，著重在學齡兒童以後的階段。因此，國民教育的生命教育教學，可多借重他的理論。柯柏把道德發展分成三個階段：

甲、前規範階段（preconventional level）：兒童對於好壞、對錯完全視大人反應或事情後果來決定。這可分兩個階段：

- 懲罰和順從取向階段。
- 工具相對主義取向階段：兒童用互惠、交換、公平的觀念來看人與事。

乙、規範階段（conventional level）：開始注意社會秩序，忠實於規範，把維護家庭、社群和國家看成是一種責任。這又可分為兩個階段：

- 人際和諧或當一個好孩子取向階段。
- 法律和秩序取向階段。

丙、後規範、主動和講理的階段（postconventional, autonomous or principled orientation）：脫離權威以獨立思考道德的價值和規範，這又可分兩個階段：

- 社會契約和守法取向的階段。
- 發展普遍妥當的倫理原則階段。

　　柯柏所提出的理論，大抵符合國小、國中和高中兩個階段。教師在進行生命教育時，應配合發展階段的特質，確立教學目標，決定教材和教學方法[13]。

肆　生命教育的教學方法

　　生命像一條河流，必須用愛與智慧來沃壯它，不斷的調適，迂迴轉彎，才能越過險阻，漸漸壯大，匯集更多支流，流向寬闊的人生大海，進入高層的精神生活。

　　生命的真諦是實現，而不是追求；是面對現實的挑戰，從而成長茁壯，而不是逃避。逃避，使人不能面對現實和負起責任，是生命潰敗的主因。面對挑戰，勤奮刻苦，就能從中看到成長，所以生命是苦中作樂，是發展愛心與智慧的過程，最後含笑接納它的豐收。

　　為了把一個人教成有活力，能不斷成長，實現其生涯，保持喜樂，不斷維持其精神與德道發展，除了要配合不同年齡層，選取教材之外，還要注重教學方法。生命教育的教學方法，包括：

一　欣賞教學

　　生命教育的教學，以欣賞的方式進行，效果最好。一般可採取電影欣賞、文學欣賞及其他表演欣賞。欣賞的方式包括：

㈠非表演式與表演式的欣賞教學模式

　　1.非表演式的欣賞，如觀賞、閱讀等等。

　　2.表演式（performance），包括表演、戲劇等，邊表演邊欣

13　柯柏（Lawrence Kohlberg）, *The Psychology of Moral Development*. Harper & Row, Pub., 1983.

賞，教學效果更好。

㈡欣賞教學的原則，要依據學生認知程度和教學目標設計

　　1. 目標是什麼？

　　2. 主題是什麼？

　　3. 欣賞方式如何？

　　4. 使用的媒體如何？

㈢欣賞教學之後，應對生命教育的主題，進行發表、討論和回饋，教學效果才會彰顯。

二　觀察及參觀

　　觀察法又稱為直觀教學法，有關生命教育的各類議題，可以透過現場參觀，或者提供實物圖片、幻燈片、電影等，供學生觀察，從觀察中獲得啟發，得到正確觀念，了解其中的道理。學生在觀察安寧病房中容易學到慈悲；觀察交通事故傷患中，對自己的生命安全亦多能反省。應用觀察法教學時應注意：確定觀察的目標；選擇觀察的實物或活動；說明如何觀察、記錄及整理觀察所得資料。觀察的對象除實物及活動之外，旅行參觀也是常用的教學方法。它可分為兩種：其一為團體旅行參觀，另一為個別旅行參觀。

㈠團體旅行參觀適用下列情況

　　1. 全班學生學習的目標相同，須參觀相同的項目。

　　2. 對某一學習單元，必須分工合作進行參觀訪問者。

　　3. 班級共同設計的學習活動。

㈡個別參觀訪問，則可適用於下列情況

　　1. 學生個別設計之需要，例如某生對於生命教育中某一方面具有特殊的興趣或天賦，特別為他安排個人的參觀訪問。

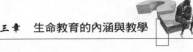
2. 配合設計教學之個別設計，或團體設計中分工之需要，由學
　　生單獨參觀訪問。

㈡**參觀訪問活動的重要步驟**

　　成功的參觀訪問必須有詳盡的計畫，並須與參觀訪問的機構負
責人聯繫，經過學校及學生家長同意後始能進行。

　　1. 計畫：根據學習的目標決定參觀訪問的地點、時間、參觀的
　　　　項目、交通、食宿、分工與編組、經費預算等。參觀訪問必
　　　　須經過學校同意，必要時須經過家長同意，始可進行。

　　2. 準備：由教師指導，對所要參觀研究的單元，多方蒐集資料，
　　　　研讀討論，作深入了解，對參觀訪問的重點、發現的疑問詳
　　　　細記錄，並對於如何分工、觀察、發問等詳加準備。

　　3. 執行：執行時應依計畫辦理，經常檢討計畫執行情形，並促
　　　　進學生分工合作，隨時予以指導。教師在執行計畫之前，必
　　　　須依計畫逐項檢點。另外，記得攜帶學生住址、電話等基本
　　　　資料，以備必要時之聯繫。

　　4. 參觀後的工作：指導學生整理資料，撰寫報告，寄發謝函，
　　　　向接受參觀訪問的機構或人員致謝，並對整個學習活動作一
　　　　評鑑，檢討改進。

三　角色扮演

　　每個學生都各有其獨特的待人處事態度和不同的價值觀念，亦
即每個人的角色都未盡相同，在生命過程中，必須了解別人的角色，
才會產生同理、包容和友愛。透過角色扮演，有助於學生了解自己
的角色，從而改進自己，並容納別人的態度。角色扮演與心理劇
（psychodrama）不同，心理劇偏重在扮演的角色所遭遇之情緒、態

度或價值觀念的表達，從參與者所扮演的不同角色中，互相直接回饋，而很少讓參與者在扮演之後互相討論彼此的感受和意見。教育上所採用的角色扮演，側重於對情感的發現和認識，並從知能與情緒兩方面著手，以達到了解自己的情緒、情感和價值觀念。因此在扮演之後，接著進行討論，討論修正之後，再繼續扮演，從扮演與討論中，學生對自己和別人的態度、價值和信念有清楚的認識，也正因為彼此互相了解，而使扮演的角色行為逐漸修正改進到彼此都能接受。角色扮演的步驟，依西福特（F. Shaftel）等人的研究 14，可分為下面幾個步驟：

1. 準備階段：說明角色扮演的過程、介紹扮演的故事，使用的故事應具備多面性、發展性、價值判斷性等，好讓學生扮演。例如「張三向李四借錢，約好今天送還，張三於送還李四途中，遇見某甲，某甲因急用而向張三告貸……」根據故事決定學生扮演的角色。

2. 選擇參與者：分析故事中的角色，選擇扮演的學生，通常由學生自己決定，亦可依需要，暗示某學生扮演某一角色。

3. 準備扮演：決定扮演的起點，分配角色時使學生了解扮演的狀況。

4. 選擇觀察員：說明觀察的要領，包括扮演者的態度、情緒、處理事務的方法、思考的邏輯性及道德性等。

5. 開始扮演。

6. 討論與評估：對扮演活動做一摘要的敘述，包括活動中所表現待人處事的價值觀念、邏輯推理、道德觀念、符合科學及

---

14 西福特（F. Shaftel），*Roal Playing of Social Values.* Englewood Cliffs, N. J.: Prentice-Hall, 1967.

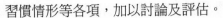

習慣情形等各項，加以討論及評估。

7. 再扮演：討論之後、扮演者參照討論結果再作扮演，每一次討論都是引發下一次扮演的根源。

8. 討論與評估。

9. 經驗的分享與類推：把問題情境與實際經驗結合，歸納為行為規範或解決問題的方法。

　　角色扮演在生命教育及教學上，能引發學生充分的反省，從而發展正確的生命態度和道德意識。有些學生有了心理困擾，也可以透過這種教學，能得到輔導和治療的效果。

四　體驗訓練（laboratory training）

　　體驗訓練又稱為小組訓練，它是教師用來協助學生發現自己的生活意義、發展正確的態度及增進良好人際關係及彼此相互了解的方法：透過學生們當下參與活動，發現自己的感受，從互動與回饋中，促進人與人之間互相了解及相互同情的能力，引導學生自覺（awareness）。體驗訓練是由學生進行教師安排的團體活動，活動之後再將活動時的感受說出來，或對困擾問題加以討論，從而相互了解、回饋並提出解決問題的方法。

(一)體驗訓練的主要步驟

1. 將學生編組，通常以十二人為原則。

2. 進行由教師預先設計的活動，活動性質以能產生對抗、排斥、無秩序、強烈競爭、不公平等反應為原則。

3. 活動完畢，讓學生把感受說出來，並討論困擾發生的原因。

(二)注意事項

　　進行這項人格發展的教學，必須具有接納的氣氛，並給與學生

安全感，教師不宜在活動中發表感受或在討論中批評、責備學生。這項教學方法能否發揮效果與教師能否提供安全和諧的教室氣氛有密切的關係。

根據白克和穆頓（Black & Mounton）所提出進行試驗訓練的過程是遭遇困擾（dilemma）、發現（invention）、回饋（feedback）、類化（generalization）。析言之，學生的困擾或苦惱是從學生的活動中發現出來，它對學生所造成的情緒、偏見、固執，都能因彼此說出感受而回饋、學習、改進，從而發展良好的人格。

五　探究（inquiry）教學

對於生命的意義、成長、倫理和實現，採取探究教學，經由蒐集資料和討論，以合作學習的方式進行，可以獲得良好的學習效果。探究教學主要在於發展學生求真的方法和習慣，最終目的是使學生成為獨立的學習者（independent learners），能在日常生活中，不斷探究所面臨的問題。就生命教育而言，探究的目的在於就上述六個生命教育範疇作探究和思考，以形成正確的態度和能力。根據史其曼（R. J. Suchman）的理論，探究教學的原則 [15]：

1. 學生因面臨困惑的問題而產生探究的動機。
2. 須主動蒐集資料，構思解決問題的態度。
3. 教師必須指導學生認清問題。
4. 教師應指導學生探究的過程，從蒐集資料、提出假設、考驗假設而至問題獲得解決。
5. 探究所重視的是方法及過程的訓練，因此教學必須是靈活有

15　史其曼（R. J. Suchman），*Studies in Inquiry Training*. Ithaca, N.Y.: Cornell University Press, 1964.

彈性的。

六　討論法

　　討論法是生命教育中最常用的方法之一，但指導學生事先蒐集資料是教學成敗的關鍵。從學生的發表及彼此討論中，不但可以促進對生命的思考，更可幫助整理所學，構成系統的觀念。討論法除用來討論生命教育有關的問題之外，亦用來蒐集學生對教學的意見，培養發表自我發現及綜合不同意見的能力。

㈠常用的方式

1. 圓桌討論會（round table discussion）：將班級學生分成小組，每組五到十人，圍坐成圓形或方形，進行發表討論。
2. 代表討論會（panel）：由班上選出四至六位同學，就預定之題目，經充分準備後，在台上進行發表討論，並有學生擔任主持人，引導討論會的進行，其餘學生則當聽眾。
3. 研討會（symposium）：其組成方式與代表討論會相同，惟發言人發言之後，其他參加人員亦可發言討論，這種方式較上項代表討論會為正式。
4. 辯論會（debate）：即選定一個題目，分成兩小組進行辯論。

㈡使用以上討論或辯論，教師應注意的原則

1. 指導學生選擇適當的題目，題目應有趣，並適合學生的能力。
2. 決定參與討論會的人選，有些學生善於發表，有些則不善辭令，選定人選時宜作調配。
3. 協助學生熟習準備資料的方法及資料來源。
4. 指導擔任主持人的學生。主持人的重要任務：
　　·介紹題目，說明進行的程序。

   ·介紹參與討論人員。

   ·控制每一位發言者的時間。

   ·從聽眾發問中歸納發問的問題。

   ·鼓勵發言。

   ·摘要討論結果。

   ·適時結束討論會。

5. 指導學生作筆記及評鑑討論會。

6. 應將討論會結論作一摘述與總評。

七 腦力激發會議

　　生命教育上的課題，透過學生的腦力激盪，會有更深的體驗和反省效果，因為它生動、多元並能引發學生活潑思考。腦力激發會議（brainstorming session）又稱為腦力震盪術。在教學上，用以引發學生創造思考和培養解決問題的能力。另一方面，教師亦可透過這種技術，從學生的創造思考中，獲得改進生命教育教材及教學的意見，或共同構想解決學習上所遭遇的問題。進行的方式是先由教師說明問題，必要時可以加插引言或觀看一段影片，然後每一位學生就自己的意見即席提出，所有提出的建議或意見均被接受，由一位擔任記錄的學生記下，彼此不互相討論和批評，直到意見發表完畢，再行整理、討論、歸納。腦力激盪術主要目的是蒐集意見，在彼此發表意見時，互相激發，而提出更多創造性意見。進行中教師必須從旁指導，必要時加入意見，以激發學生思考。為確保會議順利進行，教師應注意：

1. 學生的態度要認真。

2. 自由發言不能與嬉戲混為一談。

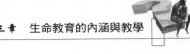

3. 避免少數學生獨占發言。

八　班級討論會

　　班級討論（class discussion）或稱為班會（classroom meeting），
是由全班學生參加的討論會[16]。用以訓練學生討論的能力，培養思考
的習慣，發展及改變態度、進行價值教學、培養感受性、養成自信
自重及綜合歸納的能力。生命教育中有關價值觀念、生活適應、人
際關係、珍愛生命之教學等，都可使用。

(一)班級討論會應注意

　　1. 選擇的題目要能引起學生的興趣，並適合學生的能力。

　　2. 討論前應有充分的準備，準備項目包括議程、討論提綱、慎
　　　選合適的主席，並應指導學生事先閱讀資料（必要時可以分
　　　組準備）。

　　3. 進行討論前宜以生動故事、專題報告、角色扮演、影片及設
　　　計好的活動，作為討論的引媒，引發學生思考與靈感。

　　4. 開始討論時應鼓勵踴躍發言，並以重複問題要點或發問的方
　　　式引導學生做正確的討論。

　　5. 為引發學生作高度精確思考，教師應對膚淺矛盾的意見或論
　　　述，有技巧地做支持性疑問，讓學生有檢討自己意見的機會。

　　6. 討論時要維持開放的氣氛，且討論的意見或結論，是學生共
　　　同創造思考的結果而非教師指示的內容。

(二)柯拉克（L. H. Clark）提出的教師教學檢查項目

　　1. 引導討論而非專斷的指示。

---

16 葛拉塞（William Glasser），*Schools Without Failure*. New York: Happer and
　Row, 1969.

2. 詳細說明題目。

3. 引發學生熱烈討論。

4. 討論不離題意。

5. 鼓勵每一位學生參與。

6. 使害羞的學生也能表達意見，保持接納的氣氛。

7. 防止少數學生壟斷。

8. 有技巧地處理少數人發言過多情形。

9. 保持討論會自由開放的氣氛。

10. 避免無謂的討論。

11. 提示討論的主題與子題。

12. 必要時應作摘要說明。

13. 在適當的時間予以結束。

14. 學生對完成預定目標感到滿意。

15. 學生自己認為討論是成功的。

　　在生命教育的教學過程中，要注意引發學生體驗、同理和思考，才能觸動情意與認知的結合，培養生命的正確態度和適應能力。透過體驗、認知和省發，從而發展學生的活力、成長、倫理、快樂，以實現生命的意義與價值，是生命教育的宗旨。

伍）結論

　　生命從誕生開始，就不斷學習和成長。透過適應、體驗使精神力增強，心智得到啟發，並用它來面對自己的遭遇，能解決問題，從而帶來豐收的喜樂。生命的歷程是艱難的，所以要不斷學習和歷練；生命同時也是孤寂的，所以要發展愛和互助。我相信生命教育

的核心課題是智慧與愛，它正是我們大腦的內容與結構，理智的系統和感情的系統。生命的展現，只有透過智慧與愛，才能落實。生命的意義也建立在這兩個因素上，因為它讓我們學會自愛，並看到生命的意義和價值。

　　為使生命得到好的發展和幸福，生命教育包含了生命的活力、成長、實現、倫理、快樂和意義，這六個向度不是只有學生才學習它，而是從出生到老死都要面對它。因此生命教育是一生之事，也是每一個人活到老學到老的事。因此在教育與學習上，必須考慮不同的人生階段，發展不同的學習內涵、課程和教學，才能達到生命教育的目的。

本文轉載自：〈生命教育專輯〉，《文教基金會會訊》64　期（2002.10）。

第四章

生命教育之困境與推動策略

孫效智

　　生命教育在台灣各級學校中的推動，歷經前省教育廳到現在的教育部，約已四年有餘。從某種角度看，四年來的推動進行了不少的工作，例如：各種生命教育研習會的辦理、官方與民間編製的多元教材[1]、學術研討會與論文的發表、生命教育人力與教學資源庫的建立[2]、生命教育全球資訊網與電子報的持續發行等[3]。前年教育部更成立生命教育委員會，並訂定四年中程計畫，預計到二〇〇四年將投入近兩億元預算，來持續生命教育的推動。至於若干大學院校也陸續傳出相關學程或研究所設立的計畫。這一切似乎顯示出，生命教育在社會上已引起相當大的共鳴與關注。

　　然而，如果不要只看表面的沸沸揚揚，大概就會注意到，這幾

1　例如前省教育廳委託台中曉明女中編製的十二單元生命教育教材、德榮基金會根據此十二單元名稱編製的教材、台北市教育局為九年一貫之數學與社會學習領域編製的生命教育教材，以及生命教育基金會所出版的《六單元生命教育多媒體工作箱》。最後值得一提的還有行政院九二一震災後重建推動委員會所編製的《推動重建區民眾生命教育系列》教材。

2　教育部專案委託國立彰化師範大學圖書館紀潔芳教授建構《生命教育人力資源與教學資源目錄》（彰化，2002）。

3　生命教育全球資訊網及雙週電子報係由本文作者於一九九七年底開始創建並持續至今。網址是：http://life.ascc.net。

年間也有人不看好生命教育的推動。其中論述最為完整的應屬但昭偉教授發表在《教育資料集刊》第二十六輯的文章。批評的聲音雖然零星，但卻不容忽視。首先，但昭偉對於行政機構的類似行動抱持著懷疑態度，認為這些行動往往「像走馬燈似的忽來忽去」，流於形式與口號，結果則不外乎是「雷聲大，雨點小」，虎頭蛇尾[4]。生命教育是否如他所說的，只是由於「不吼不心安」，因此「吼一吼，叫一叫」，吼過就算了呢？本人忝為教育部生命教育委員會委員之一，不得不說這個可能性極高極高，除非更多的人能認識並肯定生命教育的重要性，而不只是冷漠旁觀；也除非更多已肯定生命教育重要性的人能彼此合作，並匯聚出由下而上的力量，否則，上有忙於救火而無暇思考教育遠景的決策體制，中有擅長表面功夫的官僚文化，下有應付政令而疲於研習的學校老師，再加上整個大環境俗文化的急功近利與價值扭曲，這一切要不匯聚為向下沉淪的力量，恐怕也難。

當然，凡走過必留下痕跡，這幾年來的生命教育推動，大概連質疑生命教育的人也必須承認，是「種子撒了，不管撒在什麼地方，總比不撒的好[5]」。值得警惕的是，如果撒種者只是撒個樣子或隨意亂撒，撒種後也不關心種子的發芽成長，更不為種子的永續發展做出打算，那麼，這幾年的生命教育推動恐將難逃熱鬧一時的命運與論者之譏評。為避免此一情勢之持續發展並基於對生命教育重要性的信念，本文以下將先從三個角度來論述台灣推動生命教育的困境，再從如何突破困境來談生命教育的展望。

4　但昭偉，〈「生命教育」的生命〉，《教育資料集刊》第二十六輯（2001.12），頁 113-130。
5　同註 4，頁 115。

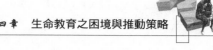

壹　台灣推動生命教育的三個困境

　　生命教育的推動困境主要有三方面，一是生命教育內涵的問題，二是生命教育師資培育的問題，三是推動決策與執行體系的問題。這三類問題雖各有獨特的意涵，但也環環相扣，彼此影響。

　　一、生命教育內涵面的問題相當多。首先必須指出的是，生命教育到底是什麼，至今還沒有精確的共識，而且，推動單位也沒有建立任何機制來確定它的內涵。這個問題相當嚴重，這不僅使得生命教育的論述至今仍是「一人一把號，各吹各的調」，而且，不知道生命教育是什麼，就無法評估它是否「能夠」推動以及是否「值得」推動，更無法知道它與現行學校教育有否重疊或如何整合。

　　先談「能夠」與「值得」的問題，這兩個問題的答覆都必須以確定生命教育是「什麼」為前提。「能夠」涉及生命教育的可行性，「值得」則涉它的重要性。任何懂得生存之道的民間企業都知道在推出新產品之前要透過市場調查或其他方式來確定產品「能夠」以及「值得」推出，以降低風險並提高利潤。而在進行新產品市調之前，則必須先確定自己要推出什麼新產品，否則，若不知道要推出什麼新產品，又如何去進行「能夠」與「值得」與否的市調呢？可惜的是，教育行政體系在推行生命教育時似乎沒有這些觀念。以「可行性」言，生命教育可不可行當然要看它的內容。倘若生命教育是要讓每一個國民成為莫札特或愛因斯坦，這大概是不可行的。不可行的教育專案根本就不該開始，否則就是進行不可能的任務，也就是浪費民脂民膏。生命教育是不是一個不可行的任務呢？要答覆這個問題，得先看所謂的生命教育是「什麼」。問題是，教育行

政體系在推動生命教育時似乎比較像是在呼口號,而不是認真論述它的內涵。其次,即使某個教育專案是可行的,但如果其「重要性」不高,可有可無,這樣的專案大概也不「值得」推出。生命教育值不值得推出呢?要答覆這個問題,也同樣必須先知道究竟「什麼」是生命教育。不知生命教育者何,不可能肯定它的重要性。不知生命教育的重要性,也就難怪冷漠旁觀者有之,虛應故事者有之了。

此外,「能夠」與「值得」這兩個問題不僅以生命教育是「什麼」為前提,有時它們也能作為前提,來確認生命教育可以或該具有「什麼」樣的內涵。舉例來說,但昭偉認為,當前推動生命教育的「第一線學者專家」所做的,是要將一套「迂闊高遠」、「羅曼蒂克」、「且反映特定價值體系」(例如「中產階級」)的價值觀念強加在所有孩子身上。果如此,這樣的生命教育大概「不會,也不能被大多數平凡的人所接受6」。但昭偉的看法是否公允,以後還會再討論到。但他所懷疑憂慮的,卻是生命教育推動者所應該警惕注意的:不論生命教育如何被理解,都該避免「迂闊高遠」或「只反映特定價值體系」。

其次,更重要的問題是,若不知道生命教育的內容,又怎麼知道現行課程綱要裡面有或沒有生命教育的部分或全部因素?不搞清楚這個問題就大張旗鼓地去推動生命教育,就是冒著雙重的危險:其一、倘若現行課程中已有充分的生命教育內容,在這個情形下去推動生命教育就是疊床架屋,閉門造車,這正是論者所詬病的7;其

---

6 同註 4,頁 117。

7 但昭偉便認為,生命教育的推動就是「在已經吊滿了禮品的聖誕樹上,再多吊一項聖誕樹上已經有的禮物」(但昭偉,2002,頁119)。不過,這個觀點是否正確必須先看生命教育是否是在現有課程上疊床架屋,而疊床架屋這個問題則必須在生命教育內涵取得共識後才能回答。

二、倘若現行課程欠缺生命教育，那問題更大。首先，不知生命教育內容的人怎麼知道現行課程在什麼意義與程度上欠缺生命教育？再者，現行課程若欠缺生命教育就意味著在現行課程的架構下，生命教育沒有正式而得以永續進行的空間。在這種情形下推動生命教育只有兩種可能性，第一種是認定生命教育的「邊緣性」與「臨時性」，因此頂多就是跟著行政單位的公文辦些臨時性的活動，而不必、也不可能期待在學校中有什麼正式與永續的推行。事實上，臨時性的專案就像「走馬燈」一樣，忽來忽去，由不得人回顧與前瞻；第二種可能性是倘若生命教育真具有某種重要的永續價值，那麼，從決策到基層就都必須認真思考現行課程架構修正的可能性與必要性。而很顯然的，不知生命教育為何物的人不可能認真思考這個問題。也因此，生命教育即使重要，在此情形下要談永續落實也只能說緣木求魚。當然，更根本的問題是：生命教育究竟是否具有永續的重要價值？要確定這一點，還是必須回到一開始就提出來的問題，那就是：到底什麼是生命教育？答覆了這個問題也才能進一步探索生命教育在現行學校教育中究竟是課程綱要中有其內涵，卻沒有落實？還是課程綱要中根本就沒有相關內涵，因此也無從落實？

最後這一點也間接指出，不知生命教育是什麼以及它與現行學校課程的關係，教育行政單位將無法精算推動生命教育所需要的資源與成本。正如同打造巴黎的羅浮宮或一戶三十來坪的小公寓，其間所需要的藍圖與資源有如天壤之別，同樣的，辦些熱鬧一時的活動與修訂學校課程的內涵架構也是完全不同的工程。對於學校教育的現實面與生命教育的理想面都一無所知就開始的生命教育推動，怎麼可能不成為盲目的預算消化？因為預算究竟是太多或太少，都沒有拿捏的根據。此外，正如前文所提到的，不知生命教育是什麼

就不可能知道生命教育的重要性。這一點當然會嚴重影響決策者與執行者投入資源多寡的意願與決心。

二、生命教育推動所面對的第二個困境是師資培育的問題。師資培育會有什麼問題呢？生命教育推動計畫難道不重視師資培育嗎？事實上，教育行政單位為校長、主任、種子教師、督學、教官甚至家長們所辦理的生命教育研習不可謂不多，而且這類研習還在持續辦理中。問題是，這些研習背後有沒有一個分階段的、系統周延的、涵蓋面普遍的，乃至指向制度建立的長期規畫呢？或者說，這些研習後面有沒有一個用心的人或團隊不斷思考短程、中程乃至長程的師資培育問題呢？抑或只是散彈打鳥，有經費則辦，無經費則不辦；既無整體之規畫，亦無個別研習之目標，更無永續之思考？此外，師資培育問題與「生命教育是什麼」的問題是緊密相連的。不知道生命教育是什麼，要如何進行師資培育？從這個觀點來看，生命教育政策的掌舵者若漠視生命教育各種單元議題或能力指標之共識建立的重要性，而師資培育的執行者也對於生命教育內涵的模糊籠統或各說各話毫無自覺，那麼，這樣的師資培育像極了上下交相賊的鬧劇，是很難有具體成效的。這就彷彿軍人打戰不知敵人是誰，也不知為何而戰的情形一樣。

具體來說，有些東西適合以三五個小時或兩三天的研習來學習，有些東西則需要長期的學問累積與反省體驗。師資培育若不區分這兩者，就會錯置培育的目標。假設一個國文老師從來不曾學過數學，大概很難藉著兩三天的數學研習而成為數學老師。一個好的數學老師需要兩種相關但不相同的素養，而且這兩種素養都需要長期的學習與累積，才能積漸有成。它們分別是有關數學知識的素養以及有關數學教學的素養。合格的數學老師必須在這兩方面都有所造詣。

而這樣的造詣就像羅馬一樣，不是一天造成的。合格的數學老師需要假以時日來養成。至於養成之後也還需要不斷學習。時代持續進步，新的數學知識不斷增加，而新的數學教學法與教材也不斷發展出來。因此，合格數學老師當然不能中斷學習，以精益求精。不過，針對這些老師所舉辦的在職師資研習大概不必從數學的盤古開天談起，而能針對特定的數學議題或教材來有所專研。

　　生命教育何獨不然？針對特定議題寫出來的教材教案（例如「是否可以只要性不要愛」或「安寧照護的理論與實踐」等），大概可以透過三兩天的活動來進行師資培育，唯須注意的是培育範圍的普遍性與紮實性，否則，零星而形式化的研習，是不可能侈言全面落實的。然而，若培育的內容是針對這些具體議題群背後的人文學學理時（例如生死學，人生與宗教哲學，倫理學等），此時的師資培育恐怕就不是三天兩夜的短暫研習所能勝任的了，而必須從師資養成制度的周延建立，來進行根本而永續的規畫。

　　三、上述有關生命教育內涵與師資培育的問題，從教育理論的角度來看，實屬老生常談。何以這般老生常談、眾人皆知的「常識」在我國推動生命教育時竟會成為難解的習題，甚至形成困境？歸根結底不得不說是相關決策與執行體系出了問題。先從技術面來看，教育部雖設有生命教育委員會，但該委員會連在生命教育年（二〇〇一）的開會次數都屈指可數，遑論發揮功能。至於二〇〇二年則更是未曾舉行過任何會議。事實上，委員會只具顧問性質，就算舉行會議也起不了什麼作用。就本人所知，委員會所希望優先推動的艱難工作——例如「檢視現行教科書有關生命教育內容」計畫與「建構生命教育課程主題大綱」計畫等，幾乎全數遭到擱置[8]，至於一些容易做出表面績效的計畫則仍持續推動中[9]。此外，除了教育部內部

外，委員會亦並無從得知這些計畫之執行有無控管，更無從了解這些計畫與整體中程計畫間如何整合。更為嚴重的是，生命教育的推動可能涉及課程綱要與師資培育制度的重新思考，然而，教育部似乎並無任何機制讓主管課程綱要與師資培育的司處來了解或參與生命教育的工作[10]。更何況，以現況來說，生命教育的內涵本身都還沒有經過一種體制性的共識確認，主管課程與師資的司處就算覺得「生命教育」這四個字聽起來悅耳好聽，也不知要拿它怎麼辦或從何做起。而他們自身為了修訂現行課程綱要已忙得不可開交，哪有空閒為了長官或其他單位不斷提出來的空洞口號而盲目起舞？在這個情形下，他們當然也不可能針對生命教育去進行有關課程綱要或師資培育制度的重新思考，而這就意味著，生命教育還沒有開始推行就已經注定了大拜拜與泡沫化的格局。

---

8 這兩項計畫的目的在於「確認生命教育的內涵」並「思考如何將此生命教育內涵融入學校課程綱要」中。為整合與落實此二計畫，本人身為「教育部生命教育推動委員會」課程組召集人，曾於二〇〇一年底依「教育部推動生命教育中程計畫」及「教育部生命教育推動委員會」召集人會議之決議，向教育部提出《建構十二年一貫生命教育課程綱要計畫》一份。然而，該計畫在曾志朗部長下台前後未經任何專業審查，便在教育部內部作業中遭到擱置。該計畫的主要精神我會在本文第二部分再加以論述。

9 很諷刺的，如何確定生命教育內涵的計畫（參見前註）遭到擱置，「生命教育宣導廣告片」、「宣導歌曲製作」與「生命教育說帖」等計畫卻仍然持續執行。至於承接這些計畫的傳媒公司或團體是依據怎樣的生命教育內涵來完成這些計畫，本人或其他委員便不得而知了。

10 生命教育委員會隸屬於教育部訓委會，訓委會非課程綱要與師資培育之主管機關。與課程綱要及師資培育制度相關的司處是國教司、中教司與技職司等。公允而言，這三個司處在生命教育委員會開會時，均有派員參與會議。問題是，在生命教育是什麼都不明朗的情況下，他們的參與大概也僅能止於列席，而很難有進一步的意義。

從教育決策面來看，另一個體制上的問題是，推動生命教育的這幾年，我國政府正好經歷精省與政黨輪替，短短五年內教育部部長就換了好幾位。教育政策與理念的難以延續，正是生命教育在推動上面臨困境的根本原因之一。

貳）生命教育的推動策略

　　政治或行政面的困境，本文無法處理。這一部分的討論將集中在如何建立生命教育內涵之共識上，旁及師資培育的問題。

一　生命教育即全人教育

　　但昭偉教授認為，推動生命教育的學者意圖藉助教育手段，以「畢其功於一役」的思維邏輯，來「全面而正本清源」地「解決生命中所發生的（一切）問題」。他認為這個想法很「不切實際」，不但錯了，而且「錯得非常厲害」[11]。首先，我必須老實地對號入座一下，我正是懷著他認為錯誤的看法。只是這個看法是否錯誤，我想大概還有討論的空間。沒錯，他說的很對，沒有什麼教育手段能解決生命中的一切問題。然而，這似乎並不妨礙從課程規畫的角度來看，基礎教育的課程內容應盡量「全面而正本清源」地，亦即從「全人教育」的基礎上來建構與安排。教育的功效雖然不容高估，但這並不是說，我們可以隨興安排學生一個禮拜三十幾個小時的學習內容。否則，九年一貫又何必大費周章區分七大學習領域，彷彿深怕會遺漏了某些好東西沒有教給下一代似的，而相關主事者還擔

---

11 同註 4，頁 117-119。

心七大領域的「全人涵蓋性」不足而又有六大議題的設置？

　　我所謂「全人教育」的意思正是說：完整的人既然包含身心靈、知情意行各因素，教育內涵的規畫就不該只側重某些方面，而忽略另外一些方面。睽諸現實，「重理工，輕人文」、「重實用知識，輕價值理念」確實是我國教育體系長期以來的一種偏頗現象。這種體系性的偏頗現象與整個俗文化的功利主義相互結合的結果是：整個社會的「工具理性」極度膨脹，而「目的理性」則極其萎縮。各種不擇手段、輕賤生命的社會問題只是此一文化現象具體而微的表徵而已。從這個觀點來看，這幾年來教育學術界所提出來的諸多理念，例如全人教育、人文教育或生命教育等[12]，其大方向可以說都是一樣的，亦即期望能匡正這種偏頗，而讓學校不只是培養出知識人或技術人，而更能培養出有人的味道的人。

　　當然，人文價值面的教改理念要能落實，而且永續落實，是十分艱難的，如果不是不可能。難怪但昭偉教授會認為：倘若教育部所要推動的是一個具體的教育目標，例如「性知識教育年」或「水上教育年」，或許還容易達成一些[13]。至若要推動像生命教育這樣要探索（非解決！）生命中根本問題，因此必然會涉及較高層次的生死、哲學或宗教等理念的教育活動，那恐怕就是在進行一項「不可能的任務」了，特別是決策與執行單位對於本文第一部分所提出來的問題渾然不覺。當然，撇開教育行政單位的限制不談，理論上我認為價值理念面的教育改革仍是可能的，而且在今日台灣社會中殊

12 近年來推動「全人教育」不遺餘力的如中原大學與輔仁大學的課程規畫。至於「人文教育」的倡議則如師大教授陳伯璋與高強華。

13 當然，要真的有所成效，決策與執行單位還必須做到「策畫周詳、行動踏實」，又挹注「充足的教育經費」，並設法讓「各級學校不打心底裡反對或抗拒」。參閱：見註4，頁114。

為重要。但它的落實需要更多人的共識與參與，也需要教育行政單位能有「見林」的高瞻遠矚，又有「見樹」的細部落實能力。

有關生命教育內涵的芻議，我在其他地方已陸續有一些文字發表，此不贅言14。以下所要著重的主要是方法進路的說明，也就是我在形成我對生命教育的內涵看法時，考慮了哪些原則與因素。首先要指出的是，「芻議」的意思是說，生命教育的內涵不該是靜態的、現成的，而是仍在發展中，而且也有待更多關心生命教育者的對話、討論與補充修正。「發展」與「對話」是必要的，因為人活在歷史的發展進程中，也活在互為主體的對話關係裡。更何況這幾年我國各階段基礎教育的課程綱要迭有變革。生命教育的推動若不與課程綱要的新發展結合，怎麼能避免閉門造車的缺失？又怎麼能進行統整的思考？而既然要與新發展結合，它本身也該不斷擴而充之。

二　生命教育內涵之發展性與對話必要性

談到生命教育內涵的發展性，我覺得有必要再詳細回應但昭偉對於生命教育理念的若干批判。但昭偉在〈「生命教育」的生命〉

---

14 最主要的有：孫效智，〈生命教育的內涵與實施〉，《哲學雜誌》三十五期（2001），頁4-31；孫效智，〈二十一世紀台灣社會的倫理課題與方向〉，《前瞻台灣新風貌研討會論文集》（救國團社會研究院，1999），頁60-74；孫效智，〈從災後心靈重建談生命教育〉，《災後社會價值與倫理重建研討會論文集》（新台灣人文教基金會，1999），頁16-31。其他相關論述請讀者參考「生命教育全球資訊網」中的各種資料，特別是首頁即可點選的「生命教育圓形圖」。我個人至目前為止有關生命教育如何融入十二年基礎教育的完整論述還沒有撰寫成文，但已在二○○二年五六月間在給台北市推動生命教育小組的系列研習中做了初步的整理。感興趣的讀者可以在「生命教育全球資訊網」上找到該系列研習的課程資料。

一文中對生命教育的批判主要可以分為兩部分，第一個部分是對於教育行政面「大拜拜」傳統作風的質疑，第二部分則是針對生命教育的理念所做的批評。第一部分前面已談過許多，此處不再重複。基本上我相當同意他的觀察。第二部分但昭偉提出三點質疑，以下分別簡述之：㈠生命教育所要尊重的「生命」包含人與動植物在內，這似乎陳義過高，無法落實。我們頂多只能教孩子去尊重「人」的生命，而不能去尊重所有的生命[15]；㈡生命教育強調要保持生命在蓬勃發展中，是一種肯定「生的價值高於死」的看法，這種看法雖然是主流，但卻忽略了非主流的另類看法，亦即主張「死的價值高於生」的看法，例如道家與柏拉圖。由於兩種看法都是「主觀的認定」，因此沒有對錯可言。既然如此，持主流看法的生命教育推動者就應該包容非主流的看法。而這個包容一旦形成，「當下推行的生命教育的正當性和基石也就受到了侵蝕」[16]；㈢生命教育把生命的價值絕對化，這不符合儒家視仁義的價值高於生命的「捨生取義」觀。簡單地說，「生命教育」推動者只強調生命的可貴與值得保存，這樣一來，誰來告訴孩子：「為了履行我們的各種責任，己身的生命原來是可以拋棄的」[17]？

　　限於篇幅，以下簡短幾點回應：

　　㈠首先，我必須指出，無論但文對於生命教育的詮釋是否允當，他的論述已充分彰顯出：有關人生觀、價值觀等涉及哲學思想理念的課題多麼重要而且需要花時間去探索，因為這些理念雖然不像實用知識那樣「實用」，但它們卻提供了人生實踐的原則與方向。一

---

15 同註 4，頁 115 及 122-126。
16 同註 4，頁 129。
17 同註 4，頁 130。

個人即使擁有各種實用知識，但原則與方向如果偏差或模糊，是很難展開幸福雙贏的人生的。反觀我國現行教育架構，在實用功利主義掛帥的前提下，我們的確給孩子太少空間與時間去思考探索實用知識以外、但卻攸關生命意涵的課題。

回到此處的討論來看，我認為最優先需要釐清的不是但文所支持或反對的各種立場的是非對錯，而是這些不同立場既然涉及重要的生命課題，為什麼不讓它們成為生命教育的素材，並在經過適齡適性的轉化後，讓學生有機會去接觸咀嚼，從而引發他們自己思考、探索生命議題的內在過程？就這點而言，我肯定但昭偉的質疑是很有貢獻的，因為他雖自認為「扮演了烏鴉的角色」，但其論點比其許多華而不實的倡導生命教育的文章來說，卻大大地豐富了「有關生命教育的討論」[18]。以他所提出的第一個質疑為例，裡面涉及許多重要的問題，例如：什麼是尊重生命？人在什麼意義與程度上該尊重生命？又該尊重哪些生命？當不同的生命尊重互相衝突的時候，人又該如何拿捏取捨[19]？我認為，這些問題的思考與探索是每個人在養成其人文素養的過程中所應該思考的問題群之一。因此，我所主張的生命教育倒並不是一定要針對這些問題給出特定的「標準」答案來，而是主張，學校課程架構應給學生空間，幫助他們發展出「發掘、思考與探索生命議題」的能力。從教育的觀點來看，有時給一個好答案不是比不上問一個好問題嗎？

㈡當然，我這麼說並不表示我認同但昭偉以及許多其他人的一

18　同註 4，頁 130。

19　其實，我們不但該關心物種主義（speciesism）、素食主義（vegetaria-nism）所引起的人與其他物種的生命衝突問題，也更該關心當人與人的生命不能並存時所引起的道德兩難問題（例如船難時迫不得已可否吃人肉？）。

個流行觀點，那就是有關生命議題的各種立場多半只能是「主觀的認定」，而沒有客觀的理據。人文議題容或不像科學議題那樣清楚明確，但大概也不是純主觀而毫無客觀意涵的夢囈。事實上，當代哲學家對於哲學的基本概念，例如價值（value）、真理（truth）等，大概都不能接受純粹主觀主義或客觀主義的看法。價值與真理介乎認識與評價的主體及被認識與被評價的客體之間，既非純客觀的也非純主觀的。但昭偉旁徵博引許多理論來反對他所理解的生命教育，大概正是因為他相信生命教育「客觀上」有很多問題，而不是因為他沒來由地在「主觀上」反對生命教育吧？接下來我要回應一下但昭偉的觀點，希望有利於有關生命教育內涵之「客觀」對話與討論。

（三）總的來說，我必須指出，但昭偉所理解的生命教育與本人的理解有極大的出入。先談他的第一個質疑。他所描述的生命教育似乎在尊重生命的議題上採取一種平等主義（egalitarian）的立場，也就是主張人應該平等地「尊重」一切生物，包含人、動物與植物在內。他認為這種平等主義是行不通的。我基本上也同意他的看法。問題是，生命教育的推動為何一定要堅持大家都認為行不通的立場呢？還有，絕對的平等主義行不通是不是就意味著但昭偉的結論是對的，也就是我們只能談尊重人的生命，而「不可能擴延到尊重其他物種的生命」？事實上，中西方的重要哲學家在這個問題上大多採取中庸的立場，而不採取極端反物種主義的平等主義立場或極端以人為中心（anthropocentric）而漠視其他生物的觀點。換言之，哲學家們大都肯定人的愛必須是由內而外，由己而人，由人而物的。這一點可以從中國傳統思想的「等差之愛」、「仁民愛物」、「正心誠意修身齊家治國平天下」或他所舉的王陽明的主張引伸出 [20]，

---

20 但昭偉本於陳榮捷對王陽明《傳習錄》的詮釋，主張王陽明雖認同「人

也可以從西方思想家如多瑪斯的「愛的秩序」（ordo amoris）看出來。生命教育在引導學生探索「尊重生命」的議題時，何以不能以中西方此一悠久的中道傳統為基礎，來加以現代化的詮釋或發展呢？

㈣但昭偉的第二個質疑有著類似的問題。生命教育又不是特定的主流意識形態的灌輸工具，為何只能談「生的價值高於死」，而不能交代另類的思想呢？倘若「死的價值高於生」的主張確有某些理論旨趣，何以不把這些另類理論都展現在學生面前，讓他們在不同理論的衝撞中學習「慎思明辨」，並安頓他們有關生命意義的終極探問呢？我實在不明白：為什麼若生命教育能容忍有關生死的不同立場時，「它的正當性和基石就（會）受到侵蝕」？

當然，生命教育不該刻意掩飾另類思潮的存在，不表示生命教育就該完全平行地呈現不同的理論。西方傳統之醫學倫理在談到生死抉擇時提到一個重要的原則，那就是「可疑時要選擇生命」（in dubio pro vita）。在不知該如何抉擇的時候，人要儘量選擇維護生命，而不是儘量選擇傷害生命。因為「維護生命」的選擇如果錯了，人還有「再死」的機會，但「傷害生命」的選擇如果錯了，就沒有補救的可能性了，人死不能復生。因此，「生死」的價值孰高孰輕似乎在本質上就不是平行的。更何況探索生死價值的問題還應該考慮教育的觀點，也就是是否適齡適性或適時適地的觀點。我的意思是說，不是任何時候或情境都適合去向學生闡述（或推銷？）那些「輕生」的論調。但昭偉在他的文章裡引用了莊子的一句話，其白話文意是說：「人生在世，有許許多多的苦難。一死百了，那些苦難全都消失了，而且不僅此也，死的滋味還遠高於南面而王呢！」

與天地萬物一體」，但卻認為此一體性不能模糊「人與萬物之間有親疏厚薄之分」。參閱：見註4，頁123。

我想,他如果自己有兒女或學生,大概也不會認為在任何時候或任何場合都適合告訴他們:承受生命苦難不如「一死百了」吧?雖然從當代生命倫理學(bioethics)的觀點來看,某些瀕死末期病患自己尋死或醫師協助其自殺在倫理上大概是無可厚非的,換言之,在理論上並非任何情形下「一死百了」都是一個極其不道德或令人厭惡的選擇。

(五)但昭偉對生命教育的第三個質疑似乎已到了匪夷所思的地步,因為實在不曉得他是如何衍伸出這樣一種將生命絕對化的生命教育觀點?他的質疑實質上就是宣稱:生命教育的生命主張是一種「為了生存,道德仁義皆可拋」的反道德理論。事實上,東西方的思想家鮮少有人把生命的價值看成是最高或絕對的。海德格(Heidegger)說:「人是一種向死的存在。」人的存在是偶然,死是必然。偶然的存在怎麼可能是絕對的呢?此外,不只是東方的孔孟思想主張「捨生取義」、「殺身成仁」,西方基督宗教也主張「沒有比為朋友犧牲生命更大的愛」。照這樣看來,但昭偉所理解的生命教育,不僅要面對儒家的挑戰,恐怕還要面對西方基督宗教或其他世界大宗教的反對。不過,就本人有限的視野所及,我還不知道有哪位倡導生命教育的先進曾提出這般荒謬的理論來,因此,這裡對於但昭偉的「稻草人論證」,我就言盡於此了。

最後我還是要重申一次,這些攸關生命價值觀的議題對每一個人而言的重要性與複雜性。惟其重要,故應透過某種方式,使得思考這些問題的能力成為每一個人都具備的人文素養;惟其複雜,所以我們才更應該花時間與力氣去探索他們,而教育工作者也該深化自己的相關素養,才能在學生成長的道路上成為陪伴他們建立自己人生觀的引航者。

以下轉而論述思考生命教育內涵時，我認為重要的幾個原則。

三　建構生命教育內涵之幾個原則

㈠我個人認為，要確立生命教育的內涵，應從以下幾個角度來思考。首先，生命教育的肇端雖然與校園自殺、暴力以及其他種種價值扭曲的負面現象有關，然而，這些問題的根源卻遠比這些問題要更為深遠而整體，因此，要解決這些問題，不能以「頭痛醫頭腳痛醫腳」的方式來思考，而必須就我國教育長期以來「重理工輕人文」的偏頗現象來加以針砭，換言之，教育整體之精神不應向特定方向（如實用學科）過度傾斜，而應該以啟發全人之生命智慧為目標。在這個原則下，現行學校教育中「不夠全人」或「不夠生命」的地方應予以補充，偏頗之處應予以修正，至於已存在於現行學校課程綱要中各種建構全人素養之因素，則應予以肯定，而不必重複。依此，「英數理化」等課程在生命教育中不必再有所強調，因為這些課程在學校教育中早已受到充分的、甚至過多的關注。音樂美術的情形略有不同，它們在傳統教育體系下受重視的程度當然比不上英數理化，但畢竟我國教育強調「五育並重」已行之有年，因此，音樂美術在學校教育中還是有正式課程的空間。以九年一貫課程綱要的規畫來看，美育占了七大學習領域中一整個學習領域的份量，亦即「藝術與人文學習領域」。該領域以相當全面的方式來強化學生在不同階段的「視覺藝術」、「音樂」與「表演藝術」等素養。若果真能貫徹落實，我國學校教育的美育部分大概不必再以額外的專案方式來大力推動了。

當然，這不是說，實用知識教育或美育等領域與「生命教育」沒有關係。事實上，九年一貫中實用知識的領域都與生命教育密切

相關：語文領域不只要教人使用語言，更要人透過語言學習，來「表達情意，陶冶性情，啟發心智（與）解決問題」[21]。數學學習領域也不只是要培養數學的素養，而是要學生「藉著多元開放的討論過程，激發多樣性的獨立思考，尊重各種不同的合理觀點」[22]。「自然與生活科技學習領域」更是注重科技與人文的對話，希望培養「役物而不役於物」的價值觀，也希望提昇國民在科學倫理方面的素養。這一切在在都顯示，現行課程綱要承認，實用知識教育也必須以人的生命為根本[23]。至於「藝術與人文學習領域」的基本理念也強調該領域「是以人文素養為核心內涵的藝術學習」[24]，而所謂人文素養，按陳伯璋的詮釋，應「彰顯人之所以為萬物之靈的靈性，使人活出人的味道」來[25]。由此可知，藝術學習也應是以人為本的。一個利用自己才情而到處招搖撞騙的藝術家容或仍是一個好的藝術家，但絕非是一個有人的味道的好人。

　　全人素養應包含哪些內涵是一個關鍵問題。我覺得這個問題一方面沒有標準答案，而且不同的時空背景也能有不同的答案。但另一方面，「人同此心，心同此理」，人性中也的確有一些普遍的向

---

21 參閱《國民中小學九年一貫課程綱要》中〈語文學習領域〉的基本理念。

22 參閱《國民中小學九年一貫課程綱要》中〈數學學習領域〉的基本理念。

23 參閱《國民中小學九年一貫課程綱要》中〈自然與生活科技學習領域〉有關基本理念、課程目標以及附錄中提到的「教材內容要項」，特別是頁 520-522 等「科學與人文」的部分。

24 參閱《國民中小學九年一貫課程綱要》〈藝術與人文學習領域〉中的基本理念。

25 陳伯璋等，《「人文教育：推動與落實——人文社會化、社會人文化之研究」專案計畫結案報告》（台北：法鼓山人文社會獎助學術基金會，2002），頁 2-10。

度,應受到普遍而歷久彌新的關注。學校教育的框架有限,不同專長的學者專家與具教學經驗的人應該一起敞開心胸來思考,在有限的框架中哪些是最優先而必須納入的內涵。

㈡除了全人教育的角度外,在建構生命教育內涵時的一個重要切入點是去思考何以「知行不一」或如何「知行合一」的問題。這個問題的重要性及其與生命教育的關係可以從推動生命教育的背景談起。每當校園或社會上有人自殺或發生暴力事件時,總會有人在「珍惜生命」或「尊重生命」的旗幟下出來大聲疾呼生命教育的重要性。然而,愈是仔細思考相關問題,我愈發現這樣的呼籲對於解決這些問題沒有什麼意義。做出傷害生命、相反生命行為的人難道不知道生命應該受到珍惜與尊重?國民學校的編班常常按照四維八德的條目來進行,難道這樣還不夠讓學生了解「禮義廉恥」與「忠孝仁愛信義和平」的道理?貪贓枉法、作奸犯科的人又難道不知道自己正在做著傷天害理的事?曾在婚禮中承諾要愛配偶一輩子的人,難道不知道婚外情破壞承諾並傷害家人?我想這些他們都是知道的,他們的問題在於做不到。人為什麼知道卻做不到呢?又為什麼說一套做一套?探索人何以「知行不一」以及如何能達到「知行合一」的途徑是我自己思考生命教育問題時的主要進路。

我認為「知行合一」是可能的,但先決條件是道德教育不能只在價值理念的知識層次上打轉,彷彿只要告訴大家什麼是對的,什麼又是錯的,德育就大功告成了。任何德育理論若不能針對「知行不一」的問題進行正本清源的思考,並針對如何「知行合一」的挑戰來對症下藥,大概都不可能真正成功。

㈢按個人淺見,知行不一的問題有兩個重要根源,其一是人生觀的空白貧乏或膚淺扭曲,其二則是人格的不統整或理智與情緒的

分裂 26。前者是說，一個人有怎麼樣的人生哲學，他就會有怎麼樣的生命實踐。人生哲學如果有問題，以之為基礎的人生實踐自然就會有所偏差。所謂人生哲學不是指一個人掛在嘴邊的座右銘，而是指他關於整個人生目標的真正信念。「滿嘴仁義道德，滿肚子男盜女娼」的人並不真正相信仁義道德，毋寧他們信奉的是某種偏差的享樂主義。至於唯物論者，既然否定精神，自然就很有可能會為了滿足物欲而踐踏別人的生命。事實上，在唯物論者看來，人的生命不過就是一堆有機化合物罷了。既然任何生命遲早都要一死，殺人就是提早改變這些有機化合物的組合方式，又何罪之有呢？進一步言，徹底的唯物論論者根本就不可能接受善良、罪惡等道德概念，因為這些概念都是虛幻的精神性產物。

反過來看，從一個人的生命實踐，也大概可以推敲出他有怎樣的人生哲學。拜金主義者不是不知道仁義道德為何物，只是在他的人生天秤上，後者不值幾文錢。後者為何不值幾文錢呢？因為他相信金錢是獲得身分、地位、權力，亦即人生一切滿足的通衢大道。問題是，身分、地位、財富與權力真的能保證幸福與成功的人生嗎？人生的完全滿足真的就在於擁有這些生不帶來死不帶去的物事嗎？這個問題值得三思再三思，而答案恐怕不是理所當然的。彭明輝教授曾為文詳細討論這個問題，在他看來，「一個人在權勢、名利與地位的追逐上愈成功，往往在人生智慧與善意的累積上愈貧乏」，結果則是距離幸福人生愈行愈遠 27。

荒謬的是，大部分人似乎從來沒有好好想過這個問題，就相信

---

26 這兩個根源我在〈生命教育的內涵與實施〉一文中曾分別加以討論過。

27 彭明輝，〈現實與理想〉，請參閱：http://life.ascc.net「生命教育全球資訊網」之網路大學區。

有了金錢地位，就有了成功人生，於是他們拜金。更嚴重的問題是，整個社會從家庭、學校到媒體，不但不提供任何機會或機制讓社會成員去思考這個問題，而且，現代科技與物質文明亦挾其消費主義與享樂主義的強勢力量，頭也不回地催迫著人們奔馳於「向錢看」的路途上。

　　古人說，人無遠慮，必有近憂。在一個急功近利的社會裡，人們就是犯了這個毛病而不自知。這個毛病會是一種惡性循環：人愈不注意生命目標的確立與價值觀的內化，社會就愈混亂。社會愈混亂，人們要花在收爛攤子的資源與時間就愈多。資源與時間愈花在收爛攤子上面亡羊補牢，就愈沒有時間去做那些「不急迫，但很重要的」的事情，例如有關生命目標的確立與價值觀內化的教育工作。而這些重要而不急迫的事情愈不受到注意，人心的迷失以及由之而形成的社會混亂便愈不知伊於胡底。這個惡性循環大概形構了「知行不一」的第一個根源。

　　當然，從嚴格的哲學角度來說，上述對於唯物享樂或拜金主義的批判是還不夠的。要消弭頑強的質疑還需要更多更徹底的討論，否則反對唯物拜金的主張也很容易淪為一種「好人的獨斷」，以致於言者諄諄，聽者藐藐。「好人的獨斷」的意思是說，主張也許是對的，但由於缺乏深入的論證而顯出一種獨斷的性質。由於反對唯物、享樂與拜金是一種類似「政治正確」的主張，因此人們容易習以為常地視它們為理所當然。然而，知其然不知其所以然的表面批判無法引起深刻而執著的實踐動機。因此，教育必須啟發學生「打破沙鍋問到底」的一種「能思會辨」的能力[28]。很多時候，方法的

28　「能思會辨」係前省教育廳委託曉明女中編印生命教育教材時，十二個
　　單元中的一個單元。

懷疑能幫助學生在表面上理所當然的事物中發掘其不那麼理所當然的底蘊，甚至顛覆習以為常的見解。當然，我無意為唯物享樂主義等翻案，事實上，我在其他地方已討論、也表達明確反對的立場[29]。這裡的重點在於指出：教育體系若不以嚴謹的方式來幫助學生建立或反省他們的人生哲學，很難期待學生能有深刻的人生觀。而缺乏深刻的人生觀，則很難期待他們在道德的堅持上能夠「知行合一」。

㈣知行不一的第一種根源是人生觀出了問題，第二種根源則是人格的不統整。用流行的語言來表達，就是「情緒智商」的低落。一個人即使在理智上有清楚而深刻的人生觀，並不表示他就能夠按照自己所肯定的理想方向來實踐。「心嚮往之」並不一定就是「從心所欲不逾矩」。「人欲」有時遮掩了「天理」，失控的情緒往往讓人說出或做出事後深感後悔的事來。夫妻親子之間的許多衝突以及社會上許多人為了一點點小事就大動干戈的情形，大抵都可以歸結到人格是否統整成熟的問題來。

情緒與理智的統整包含的課題很多，而且都很重要，例如原生家庭的傷害、心靈的治癒、憤怒情緒的處理、寬恕與道歉的學習、貪婪與吝嗇的化解、狹隘心胸的開闊、男女情慾與真愛的分辨，同理與溝通的能力、靈性的發展等。在這些問題上如果不能致力於統整的修養，知行之間的分裂將持續腐蝕個人的人格以及人與人之間的關係。

㈤綜合考慮以上諸因素以及教育之原理，建立生命教育內涵時應把握以下原則[30]：

29 孫效智，《宗教、道德與幸福的弔詭》（台北：立緒，2002），特別是其中第四章與第五章的討論。

30 這幾個原則是我在規畫「建構十二年一貫生命教育綱要計畫」時所依據的準則。

1. 生命教育之具體內涵應具全人之周延性，涵蓋哲學、倫理、生死、宗教與人格統整等各方面之議題，並應力求相關議題在學理上的系統性。

2. 生命教育各個議題在轉化為各階段學校教育之課程內容時，應符合教育心理學與階段學習理論的精神，以達適齡適性的教育目標。

3. 生命教育議題的建立應參酌學校實務經驗並符合各階段學校實際需求。易言之，除了學者專家從學理角度提供系統性之生命教育議題外，生命教育課程綱要的建立亦應透過質性與量化研究來了解學校實務面的需求。

4. 生命教育之內涵應參酌「九年一貫課程綱要」、「高中高職課程綱要」或「綜合高中課程綱要」等，來進行必要的統整與融入。換言之，現行課程中生命教育不足處應予以補充，偏頗處應予以修正，已存者則應避免不必要的重複。

根據第 1 項原則，生命教育應涵蓋許多領域之議題，至於其周延性與系統性則還需要各個領域之專家學者來共同思考與補充。以此為基礎，再經過第 2、3、4 項原則之努力，生命教育大概能以相當完備的方式落實於我國基礎教育中。

㈥最後，略微補充幾句師資培育的問題。紮實的師資培育計畫或制度建立必須以上述生命教育的內涵掌握為前提。不論生命教育的學理部分，例如人生哲學、倫理學、宗教學、生死學與人格理論等；或者生命教育的教學理論部分，大概都必須以完整的教育學程規畫來實施，才能真正落實。零星的研習頂多只能達到理念宣導的功能或針對特定議題就原本已有生命教育素養的師資來進行強化性的在職訓練。

參） 結語

　　總結上述討論，落實生命教育推動的第一步必須是透過某種共識機制去確認生命教育的具體內涵，並以之為基礎來建立適齡適性的單元指標，再以不疊床架屋的互補方式融入學校有形無形的課程之中。緊接著這一步才可能、也應該要針對周延而永續的師資培育，做出紮實的規畫與執行。如此循序漸進，生命教育才有可能終底於成。否則，不待四年中程計畫結案，生命教育將很快成為跑馬燈上倏乎消失的一景。至於取而代之的新景，不管叫什麼名堂，若對前述問題毫無所覺，恐怕都難逃「滾滾長江東逝水」的宿命。教育政策的掌舵者與國家資源的分配者能不慎乎？

） 參考書目

生命教育全球資訊網，http://life.ascc.net。

但昭偉（2001）。「生命教育」的生命。國立教育資料館教育資料集刊，26，113-130。

教育部（2001）。國民中小學九年一貫課程。台北：教育部。

陳伯璋等（2002）。「人文教育：推動與落實──人文社會化、社會人文化之研究」專案計畫結案報告。台北：法鼓山人文社會獎助學術基金會。

孫效智（1999）。二十一世紀台灣社會的倫理課題與方向。載於救國團社會研究院，前瞻台灣新風貌研討會論文集，60-74。

孫效智（1999）。從災後心靈重建談生命教育。載於新台灣人文教

基金會，災後社會價值與倫理重建研討會論文集，16-31。

孫效智（2001）。生命教育的內涵與實施。哲學雜誌，35，4-31。

孫效智（2002）。宗教、道德與幸福的弔詭。台北：立緒。

彭明輝，現實與理想，文收於：http://life.ascc.net。

本文轉載自：〈生命教育專輯〉，《文教基金會會訊》64 期
（2002.10）。

第五章

學習，從生命開始

九年一貫課程生命教育的規畫與實施

陳浙雲

> 年輕人接受各種各樣的教育，卻對於了解生命整體意
> 義，以及與生存息息相關的主題茫然無知，有哪件事情比
> 這個還要諷刺的呢？
>
> —— 索甲仁波切（1996）

壹 生命教育是教育的核心

文明社會的特質，在於能以社會的教化功能，來提昇人性、充
實心靈。教育是人在文化體系下的一種社會活動，是生生不息、傳
承與創新的人類工程，也是使人成其為人的過程。透過參與教育的
歷程，個體不斷蛻化、提昇與超越。

「教育是為了人，而不是人為了教育」。就人類而言，生命最
為可貴，沒有了生命，一切教育都將落空；即便有生命，但生命的

內容貧乏，甚至踐踏自己或他人的生命，將更喪失教育的目的與人的基本價值。學校教育的功能，在透過系統化的課程與教學，引導學生身心健全發展；其消極面是使學生適應社會生活環境需要，積極面則是助其自我實現、不斷超越，以帶動社會群體的進步，進而改進人類生活。因此，教育不只要讓孩子成「材」，還要讓他成「人」；成熟而理想的人格建構，應當是教育工作最重要的目標。

　　二十世紀台灣教育的普及，成就了我國在政治、經濟與科技各方面長足的進步。然而，在主智主義、制式僵化的教育形態，及升學導向、考試文化的陰霾中，學生適性發展的輔導，道德良知的培養，似乎都被遺忘而奄奄一息。過分重視理工實用、輕忽人文理想的教育體制，使學生精於生存手段，卻昧於生活意義，也讓社會付出價值觀念偏頗、倫理觀念模糊、社會正義不彰、政經亂象迭現的沉痛代價。教育原應引導學生創造有意義的生命，但品德陶冶與全人發展的教育理想，早在物質、科技與經濟掛帥的衝擊下，粉碎扭曲，有識之士對此現象莫不深以為憂。進入二十一世紀，教育體制需要的是精神文化層次的更新，價值理念的提昇，而不能只著眼於制度與技術面的改造。於此之際，生命教育提醒生命意義，統整情意與知行，並強調對人及對生命的尊重，應做為教育改革最核心的一環（曾志朗，1999）。因為，社會的變遷，會撼動固有的價值及道德，成長中的學子在自我認同及概念發展的過程中，一旦碰觸到多元社會紛亂的價值及道德觀，往往不知如何進行正確的抉擇與判斷。生命教育的實施，正可彌補學生心靈的缺口，促發個體思考生命本質，培養其對生命的正向積極態度，並有能力解決生命中所遭遇的各種問題。因此，推動「生命教育」，提昇人文素養，導正社會亂象，理當成為當前教育的核心工作。

貳) 生命教育應納入正式課程之中

　　國民教育階段是開發個人潛能、為國育才的基礎；唯有國民教育健全發展，才能確保國民種苗的茁壯與成長。國民中小學學生正值學習態度與人格發展奠基的關鍵時期，因而，在國中小實施「生命教育」，最具身心發展上的必要性，且最能發揮實質功效，並能產生長遠影響。

　　有鑑於二十一世紀的台灣社會需要在整個教育的精神與內涵上有所更新，學校教育不但應該真正落實五育均衡發展的全人教育理念，更應涵養深刻的生命體悟、敏銳的自省自覺、內化的價值理念，以及知情意行的統整。因此，近年來各級教育單位積極提倡「生命教育」，期望將啟發生命智慧的理想，落實於學校教育體系當中。教育部更於二〇〇〇年二月廣邀學者專家組成「推動生命教育委員會」，將生命教育理念正式納入由小學至大學之十六年學校教育體系中，使生命教育得以一貫化、完整化、全程化。此一決策不僅象徵教育行政主管對教育內涵的重新掌握與認知，也顯示生命教育終於獲得國家較長期與持續的重視。然而，綜合相關文獻分析（台灣省政府教育廳，1998；陳芳玲，1998；張淑美，2000；張湘君、葛琦霞，2000；教育部，2001）發現，過去國民教育階段生命教育的實施至少已產生「生命教育內涵與現有課程重疊、點狀實施之效果易受干擾、外加方式造成課程排擠效應、專案性質引發執行者敷衍心態」四大問題。

　　平心而論，長久以來，教育當局所推展的各種新興課程，如反毒、人權、環境、衛生保健、兩性平等等教育計畫，均屬外加專案

性質，未能融入正式課程實施。這些為因應一時需求、解決當前問題的專案，往往疊床架屋，使得學校疲於因應；而安排外加的專案活動雖比在正式課程中做系統實施來得容易，但片斷零星的學習經驗，極易成為學習活動中的裝飾，對培養完整的倫理判斷與思考能力顯然不足。

研究指出，大部分教師均認為生命教育的內涵應融滲在各學科中，每一位教師對此工作均負有責任（林思伶，2000a）；生命教育不應是一時興起的專案或熱鬧一時的活動，否則就有可能淪為校園中一種可有可無的點綴（孫效智，2001），甚或難逃煙消雲散的命運。國民中小學九年一貫課程已於九十學年度起開始實施，面對新課程，正是將生命教育融入課程內實施的最佳時機。於此之際，將生命教育的重要課題，依年齡層及性質之不同，分別納入九年一貫正式課程體系中；統整過去分散在各學科中有關生命的內涵，透過系統化、完整性的課程設計與實施，將生命的理念融入現有課程當中，應是九年一貫課程中生命教育規畫與實施的必然方向。

參）從九年一貫課程看生命教育

九年一貫課程綱要明訂：「國民教育之教育目的在透過人與自己、人與社會、人與自然等人性化、生活化、適性化、統整化與現代化之學習領域教育活動，傳授基本知識，養成終身學習能力，培養身心充分發展之活潑樂觀、合群互助、探究反思、恢弘前瞻、創造進取、與世界觀的健全國民。」（教育部，2003）。其中，「人與自己」強調的是個體身心的發展，是生命教育中「認識人我、欣賞人我、尊重人我」的部分；「人與社會」強調的是社會與文化的

結合，涵蓋生命教育中「倫理學」、「道德學」、「生死學」等層面；「人與自然」強調的是自然與環境的融合，則牽涉生命教育中「如何珍惜生存環境」、「在環境中應變」、「生命與天、地、物共榮」的範疇（薛春光，2001）。由此可見，九年一貫課程的三大面向，正與實施生命教育時所強調的核心主軸相互呼應。綜觀九年一貫課程在課程發展組織、領域學習、彈性學習、議題融入、課程實施各方面，均提供了生命教育絕佳的實施空間。茲分述如下：

一　就「課程發展組織」而言

　　九年一貫課程綱要明訂，學校為實施課程「應成立『課程發展委員會』，下設『各學習領域課程小組』，於學期上課前完成學校總體課程之規畫」（教育部，2003）。因此，學校課程發展委員會可考量學校條件、社區特性、家長期望與學生需求等相關因素，建構蘊育生命關懷、發展生命智慧的願景，使之成為課程發展的指標；並整合各處室力量，於學校整體課程中系統規畫各校生命教育課程模式，發展生命教育課程綱要。各學習領域課程小組，亦可跨領域或於各學習領域內規畫相關的教學主題與活動。透過這兩個組織的運作，確保生命教育能於正式課程中有效實施。

二　就「領域學習」而言

　　九年一貫課程含括七大領域的學習，以下分就各學習領域中生命教育之實施略作說明：

(一)語文領域

　　生命的悲歡、玄奧，在文人的筆端詮釋最多，因此，以文學來引領學生了解生命的美麗與哀愁，是最深入也最恰當的途徑。古今

中外的語文素材中，蘊涵著許多生命教育的內容，如《莊子》一書中〈莊子與大鵬鳥〉、〈莊周夢蝶〉的故事，《論語》中「未知生，焉知死」的概念，孟子所提「生於憂患死於安樂」的觀點，杏林子的《生之歌》，海明威的《老人與海》等文學作品，都是兼具文學價值與勵志功能的生命教育素材，能引領學生深入思考生死議題，教師可從中擷取精華，讓學生深思咀嚼。

㈡健康與體育領域

教導孩子從接納自己的身體，進而愛惜與尊重，是健康教育課程的主要學習目標；體育課程中培養的運動家精神，則是生命教育強調的生活態度。在健康與體育的領域中，從健康的身體，到健全的心理，無一不屬於生命教育的範疇；健康教育的課堂，與激發身體潛能的運動場，正是生命教育的最佳實施場所（薛春光，2001）。

㈢社會領域

社會領域中的倫理、道德、宗教內涵，可引導學生建立自尊尊人的觀念，釐清社會正義的精神，發揮人道精神，關心弱勢族群，了解人心的需求困頓，建立正確的信仰態度，可說是奠定人文關懷的基礎學門。在社會領域教學時，教師可引導學生思考「人之所以為人的意義與價值、人生的目的」等問題，亦可就現代社會中生命倫理的爭議點，如「複製人」、「安樂死」等問題，探討個人生命與社會生活的關係。

㈣藝術與人文領域

藝術有柔軟人心的魔力，是實施生命教育不可或缺的途徑。藝術涵養的培育對引導學生欣賞「美」、表達「真」與建立價值「善」念的功能而言，至為重要。藝術與人文領域的教學目的在透過音樂、視覺藝術、表演藝術三方面的學習，促進學生的感受力、想像力與

創造力素養，培養學生的生命美感；當學生能感受、體驗生命的美與真時，就是生命教育的起點。

㈤數學領域

數學王國裡，充滿了無數抽象的定理與尚待挑戰的自然奧秘；解題的過程中，有重重阻攔的艱辛與突破後的雀躍；試誤的探索階段，也有一再嘗試的趣味。正如同充滿挫折與逆境的人生，總有柳暗花明的喜悅。另外，數學領域除了數量形的概念、運算與應用外，還包括問題解決、推理思考、創造能力、組織能力的培養與訓練，這些都是生命發展中不可或缺的關鍵技能。

㈥自然與生活科技領域

認識生命係以知識為基礎，生物、地球科學是認識生命的基礎學科。學生可以從辨識生命的特徵開始，研究植物、動物及人的生命，探究生命在宇宙中的起源與蛻變；由生物的成長，領悟生命的奧妙；引導學生認識生命的限制、循環與延續。

㈦綜合活動領域

綜合活動領域的「認識自我、生活經營、社會參與、保護自我與環境」四大主軸，與生命教育的範疇十分近似；「生命教育」更名列十大指定內涵之中；而其餘的指定內涵如「社會服務」、「危機辨識與處理」、「自我探索與了解」、「人際關係與溝通」、「環境教育」、「兩性關係與互動」、「家庭生活」活動，都是生命教育含括的範疇。綜合活動所設定的「實踐體驗所知、省思個人意義、擴展學習經驗、鼓勵多元與尊重」四大課程目標，讓學生在真實生活中學習，在實踐過程中體驗活動的意義，在省思過程中增進對自己的了解，並從中發現人生意義的做法，更與生命教育實施的重心不謀而合。

三　就「彈性學習」而言

九年一貫課程總學習節數中的彈性學習時間，依據課程綱要之規定係供「學校自行規畫辦理全校性和全年級活動、執行依學校特色所設計的課程或活動、……進行班級輔導或學生自我學習等活動」（教育部，2003），如此，正可提供教師依據地區特性及學生需求，設計規畫生命教育活動，透過系統性的安排，有計畫的引導學生利用參與活動來學習，提昇學生的基本生活能力，並促進生命的活化與再生。

四　就「議題融入」而言

九年一貫課程基於反映當前社會關注的重要問題，提出六大議題，採融入之方式實施。而細察議題之課程目標，與生命教育之內涵息息相關：

㈠資訊教育

其課程目標在培養學生資訊擷取、應用分析、創造思考、問題解決、溝通合作的能力，及終身學習的態度；並導引學生了解資訊與日常生活、倫理與文化的相關議題。此與生命教育重視科技與人文融合的關注焦點頗有關聯。

㈡環境教育

藉由環境倫理價值觀的教學，培養學生正面積極的環境態度，使學生能欣賞自然與人為環境之美，了解日常生活中的環境問題並謀解決之道。此與生命教育關懷未來世代存續發展的精神相呼應。

㈢兩性教育

藉由了解性別意義，發展性別角色，探究性別關係，消除性別

歧視與偏見，營造兩性和諧、尊重、平等的互動模式，建立兩性平權的社會。此與生命教育所期待之和諧共處的多元社會目標是相同的。

㈣**人權教育**

透過人權教育環境的營造，與經驗式、互動式、參與式的教學方法與過程，協助學生澄清價值觀念，建構尊重人性尊嚴的價值體系，並於生活中維護與保障人權。此與生命教育尊重人類尊嚴、重視全球責任的理念是相互呼應的。

㈤**生涯發展教育**

生涯發展的課題在引導學生注重自我覺察、生涯認知與生涯規畫，經由了解自己，培養積極、樂觀的態度，獨立思考、自我反省的能力，及良好的品德、價值觀；並了解教育、社會與工作間的關係，學習開展生涯的方法與途徑。這些內涵正與生命教育所強調之教育目的乃在創造有價值的人生理念不謀而合。

㈥**家政教育**

欲經由了解日常飲食、衣著、生活管理、家庭生活等實際行動，充實日常生活所需的基本知能；加強對日常生活的關懷，維繫自己與他人、環境間的和諧關係；陶冶改善家庭生活及建立幸福家庭的信心、志趣與理想。而此正與生命教育關心生活教育的主張相同。

五　就「課程實施」而言

九年一貫課程綱要明訂：「學校得打破學習領域界限，彈性調整學科及教學節數，實施大單元或統整主題式的教學」（教育部，2003）。而生命教育教學方案之實施，相當程度係採統整主題式的教學方式，強調提供孩子整體的學習，可協助其形成整體的認知架

構，以建構其能夠「終身學習」的基本能力。

肆) 生命教育的課程規畫與實施

九年一貫課程中的生命教育，可就下列重點進行規畫實施：

一 課程設計方面

(一)確立課程目標

1.掌握生命教育的目標方向

依據教育部推動生命教育中程計畫（教育部，2001），生命教育之實施，在使學生能達到「深化人生觀、內化價值觀、知情意行整合、發展多元智慧與潛能」之目標。雖然，生命教育的教學，不宜直接要求教學活動結束時學生應有何種行為表現，以免學生先入為主的認為這是教條式的規範；但這並不意味學習不該有目標。較妥適的方式是，教學前先告知學生方向，例如，以觀賞影片做為概念形成的主要工具，事先應提供觀賞大綱，並適當說明應注意的情節，以利觀賞後的學習討論，避免觀賞影片由方法變為教學目的；而在活動或討論結束時，藉由回顧與回饋的方式，闡釋該單元的主題內涵，使學生真正回歸學習的目標與意圖。

2.區隔生命教育的目標層次

九年一貫課程中，七大學習領域暨六大議題均列有能力指標。能力指標係反映十大基本能力的內涵，也是學校發展課程，教師設計教學活動、編選教學材料的重要參考依據。為使學生之學習能扣緊能力指標，教師進行生命教育課程設計時，要掌握不同學習領域之課程內涵，完成不同單元教學活動所欲達到的目標，以及希望學

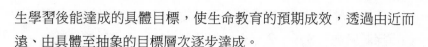

生學習後能達成的具體目標，使生命教育的預期成效，透過由近而遠、由具體至抽象的目標層次逐步達成。

㈡選擇學習經驗

學生「可學的」經驗遠比其「能學的」經驗為多，課程設計者宜從下列兩個方向進行理性的選擇：

1. 考量學生的主體經驗

生命教育以「人」為中心，因此，學習經驗的選擇要考量「什麼是學生需要知道的？什麼是學生想要知道的？什麼是學生能了解的？」等因素，並配合學生的身心發展階段特性，選擇學生所熟悉的經驗做為課程內容。

2. 兼顧群性與個性需求

學生有共同需求，也有個別需求，誠如 Doll（1982：144）所言：「在團體中，每個學習者接受了兩種經驗，一種是適合所有學習者的，另一種是適合個人需要和興趣的。」因此，選擇生命教育的學習經驗，要兼顧學生的一般需要和特殊需求，予以處方。

㈢組織學習經驗

掌握下列原則有效組織學習經驗，使學生能在有限的學習時間中，獲得最大的學習效果：

1. 繼續性

對於課程中所含的重要要素，應予以重複。例如，對生命的珍惜、尊重、責任等概念，宜在不同學習階段透過不同的學習經驗來學習。

2. 順序性

生命教育課程的特色在於訓練學生從課程活動中，加深舊的經驗並創造新的經驗，進而能統整生活哲學，以拓寬生命視野。因此，

生命 教育

每一個學習經驗都應建立在前一個經驗基礎上，再行加深加廣。例如以探討兒童、少年、青年、壯年及老人行為模式的教學活動，便應該放在探索生命由來的教學活動之後，學生才能建立系統的認知結構。

3. 統整性

生命教育是科際整合的學門，宜以聯絡教學或課程統整的方式，達成學習經驗間的橫向聯繫。

(1)單領域內的組織

依領域內的分段能力指標，訂定單元目標。例如，結合健康與體育第二學習階段（四至六年級）「探討各年齡層的生理變化，並有能力處理個體成長過程中的重要轉變」、「檢視兩性固有的印象及其對兩性發展的影響」、「了解營養的需要量是由年齡、性別及身體活動所決定」、「分享並討論運動與飲食的經驗，並建立個人的健康行為」、「解釋個人與群體對性方面的行為，表現出不同的信念與價值觀」、「評估體適能活動的益處，並參與活動以提昇個人體適能」、「分析自我與他人的差異，從中體會關心自己，並建立個人價值感」等能力指標，可融合健康、體育的範疇為「生長與蛻變」的單元。

(2)跨領域間的組織

可配合全校性主題，或由各班群自行訂定主題，發展超學科統整課程。例如，以「人的生存」為主題，探討人的生存意義、生存方式、與自然環境的調和等。或由領域之間的分段能力指標找到相關性，形成科際整合課程。例如，以某一主題、事件、問題為核心，找出各學習領域中與此

　　主題、事件或問題所欲探討之概念、技能相關的能力指標，
並依據能力指標設計相應的教學活動。

㈣設計教學活動

1. 安排教學活動流程

一般而言，生命教育之教學活動流程包含下列內容（林思伶，
2000b）：

　　⑴引發注意與興趣──藉助與主題有關的故事、影片、經驗、
　　　流行話題、學校或班上發生的事。

　　⑵告知學習目標──說明活動的目的，釐清認知、情意及技
　　　能學習類別（本活動亦可放在最後）。

　　⑶喚起舊經驗回憶（本活動亦可與⑴結合）。

　　⑷呈現教材、提供輔導策略、引發學習行為表現及回饋。

　　⑸增加學習遷移的機會──透過作業指定、聯絡簿，引發學
　　　生訂定行動方案做為作業。

　　⑹評量──蒐集學生的學習成果。

2. 決定實施時間

　　學校可視社區資源的性質、範圍、形態，及所需教學時間的多
寡，考量於某學習領域或彈性學習時間實施。

3. 安排教學地點及環境

　　勿拘泥於教室內，要靈活運用各種教學空間，例如普通教室、
專科教室、校園空間、社區情境、城鄉互訪、網際網路皆可實施。

4. 搭配協同教學方式

　　學校可考量實際狀況，採取協同教學之策略，依教師專長分別
運用同時教學、分組教學、個別指導、交換教學，循環教學等方式，
以及引入社區專長人士或義工，相互合作，以發揮最大教學成效。

5. 擬訂相關配合措施

如在校外進行學習活動時，伴隨所產生的安全、交通費用、場地使用、講師鐘點等問題，均有賴學校教師預先規畫準備，以使教學活動能順利進行。

二 教材選擇方面

就教材的形態而言，凡適合國中小學生閱讀、欣賞、參考、應用的書面、影像、實例等素材皆可。選擇時可掌握以下原則：

㈠盡量包含各種形態的媒材，如圖畫、童話、故事、小說、傳記、散文、歌曲、戲劇等，以適合各種認知程度、喜好的學生。

㈡素材內容要涵蓋人與自己、人與社會、人與環境的三個課程面向。

㈢坊間出版書籍非但題材涵蓋各領域，而且兼具教育性、遊戲性、文學性、創意與美感，是生命教育教材極佳的選擇。但經由專業人士的把關與讀者的反應，教材的品質更有保障；因而所選用的素材，最好為該領域內的獲獎作品或有口碑肯定者。

㈣現行生命教育教材大多翻譯自國外成品，與我國風土民情或有差距。教師可整合同儕力量，開發本土化的教材內容，由周遭的人、事、地、物中，選取以生活經驗為中心的本土素材，以利學生結合其真實經驗，提昇學習效果。

三 教法運用方面

生命教育的內涵包括人生倫理、宗教、道德、哲學等深入的議題，對中小學生而言，非經適度轉化，恐難以消化吸收。故進行生命教育之教學時，須注意學生的心理與社會發展歷程，了解學生的

先備經驗，引起學生的興趣與動機，並斟酌教學資源及時間、情境，運用適切的教學方法，以達有效教學的目標：

㈠體驗教學

生命教育是一種體驗教育，如果離開了身歷其境的感受與體會，淪為紙上談兵的作業，恐將落入傳統學科知識的窠臼（鄧運林，2000）。Duffy 與 Jonassen（1991）認為，學習者對知識的了解，是以經驗為根基（引自朱湘吉，1993）；心理學的研究也指出，我們實際有用的能力，75%來自實際的體驗（鄭石岩，2000）。因此，教師教學時，應經由體驗活動，提供與學生實際生活經驗相近的探索性學習環境，讓學生以「感受」而非「認知」的方式認識生命。透過直接參觀醫院、育嬰室、安寧病房、安養院等場所，實際訪談、照顧老人、重症病人、殘障人士，協助學生將抽象的價值概念與實際經驗相連結，以觸發其情感，從而了解生命的真義。

㈡實踐教學

真做才能切身，真行才能有真感動。因此，生命教育要和生活教育相結合，在日常生活中力行，也在生活當下呈現人之所以為人的意義與價值。為增加實踐的可能性，安排教學活動時，應依該堂課的回饋與總結，給與學生適當的作業，做為下一次活動中喚起舊經驗的基礎。如此，將可鼓勵學生在日常生活中將所習得的技能、知識與態度，遷移內化成為人格特質的一部分。

㈢思考教學

透過推理思考，可以釐清事實，理解討論的主題；透過批判思考，可對事物進行質疑，做正確的判斷與決定；透過反省思考，可檢視自己的所作所為，從經驗中學習；透過創造思考，可以解決問題，求新求變。故教學時，宜經由師生問答、團體研討與小組討論

方式，激盪學生的思考能力，強化其同理他人的覺知，了解人類生命的多元面向，對照學生本身的生活經歷，進而思索及找尋自己的人生定位。

㈣**價值教學**

教師教學時，應提供與學生生命歷程相近的價值概念，以利學生在討論與分析的過程中，澄清個人的價值信念，重新建構必要的價值觀。透過兩難困境的討論方式，協助學生檢視及澄清個人的價值觀。由分辨利弊得失，進而自由選擇並獨立做決定，最後能珍視自己的決定，踏實地持續採取有價值的行動。

㈤**隨機教學**

根據相關研究指出（張淑美，1996；劉明松，1997），生命教育的實施若與學生日常生活息息相關，將可達到良好的學習效果。因此，教師在教學時應掌握「隨機教學」的契機。例如，正在流行或引起討論的社會議題，以及家庭、學校、社區生活中正發生有關出生或死亡的事件，均可即時做為教學之用。

㈥**楷模認同**

所謂「尋常一樣窗前月，纔有梅花便不同」，生命教育的成敗關鍵，在於教師是否敬重生命、活得健康快樂、能展現生命熱力。在教學情境中，教師是學生直接仿效的對象，經由教師分享自身的經驗，可以發揮楷模認同的功能。所以教師應須具備關照與反省自身生命的能力與習慣，熱愛生命、關懷生命，願與學生分享自己對生命的情感與體悟；並以自己對生命的尊重與珍惜，感動學生的心靈。秉持「以生命傳遞生命」的熱忱，教師才可能有效地以身教而非權威的方式影響學生，開啟學生的生命智慧。

四　學習評量方面

評量生命教育學習之成果，應掌握下列原則：

(一)包括知情意行四部分

學習者對某一價值信念的內化歷程，必須在認知上先理解該特定概念，從而願意接受該概念的價值與重要性，並了解運作該價值信念的技能；在遭遇特定情境時，能表現符合該價值信念的行為；面臨困難與阻礙時，可以意志力堅持表現該行為，此即生命教育的知情意行四面向。因此，進行學習評量時也應由此四方面著手。

(二)兼顧質化與量化評量

生命教育不僅可從量上觀察學習的成果，且應從質上觀察、評估學習與努力的程度。雖然，量化的評量無法確切得知學生的心理歷程，但設計精良、長期進行的量化指標，仍有助於教師確切了解學生的學習效能；因此，在進行學習評量時，質化量化二者應同時兼顧。

(三)多方參與評量

可由教師、家長評量，並視學生年齡及心智發展，進行學生自我評量或同儕評量；且應由不同角度、時空觀察學生態度、行為的改變，掌握學習成效之全貌。對學生參與活動所表現出來的特殊行為及想法，更應持續追蹤輔導。

伍　開展生命的無限生機

生命究竟有沒有意義，並非我的責任；但是怎樣安排

此生，卻是我的責任。

——Hermann Hess

　　哲學家 Heidegger 曾說：「人是一種向死的存在。」誠然，生只是偶然，死卻是必然；而在生死之間，探索與認識生命的意義、尊重與珍惜生命的價值、熱愛並發展個人獨特的生命、實踐並活出天地人我共榮共在的和諧關係，是生而為人的職責與課題（孫效智，2000）。教育是人類的希望工程，如何透過適切的措施，讓每個個體認識自我，尊重他人，激發生命的潛能，勇於面對人生的真實，以建構生活的意義，使其不僅能具備求生的勇氣，認知死亡的智慧，更進而能培養在生死之間安身立命的能力，是當前教育的重要課題。

　　吾人深切了解，二十一世紀是變遷迅速、創新更迭、充滿挑戰與競爭的時代，也是一個反璞歸真，回歸到人「生而為人」的本質性思考的時代。新世紀伊始，面對課程改革的浪潮，教育工作者責無旁貸的責任是：引領學生快樂而有效的學習，啟發其熱愛人生、尊重生命、關懷他人、珍惜萬物、敬仰天命、和諧自然的天性，以生命智慧創造自我理想，實踐自我需求，形塑一個明智、快樂、自在、成功的適性生活，因此，教育的內涵與精神勢必要有所更新。九年一貫課程，是我國教育發展新的里程碑，期盼生命教育能成為此次課程改革的重要內涵，經由系統化、整體性的規畫與實施，引導學生走出自己的路，活出自己的生命，在充滿希望的新世紀中，昂首闊步，展翅飛揚！

參考書目

台灣省政府教育廳（1998）。台灣省國民中學推展生命教育實施計畫。研習資訊，15(4)，8-11。

朱湘吉（1993）。新觀念、新挑戰——建構主義的教學系統。教育科技與媒體，2，15-20。

林思伶（2000a）。高級中學實施生命教育課程方法與成果調查研究。取自 http：//210.60.194.100/life2000/net-university/ net-university-1-4.htm.

林思伶（2000b）。生命教育單元教學的設計與實施。載於林思伶（主編），生命教育的理論與實務（151-170）。台北：寰宇。

孫效智（2001）。生命教育的內涵與實施。哲學雜誌，35，4-31。

陳芳玲（1998）。生命教育課程之探究。輔導通訊，55，29-34。

教育部（2001）。教育部推動生命教育中程計畫草案（九十至九十三年度）。台北：作者。

教育部（2003）。國民中小學九年一貫課程綱要。台北：作者。

張湘君、葛琦霞（2000）。以童書在國小推行「生命教育」之可行性探討。載於林思伶（主編），生命教育的理論與實務（273-298）。台北：寰宇。

張淑美（1996）。死亡學與死亡教育。高雄：復文

張淑美（2000）。生命教育與生死教育在中等學校實施概況之調查研究。載於林思伶（主編），生命教育的理論與實務（171-199）。台北：寰宇。

曾志朗（1999）。生命教育——教改不能遺漏的一環。聯合報，1月

3 日，第 4 版。

劉明松（1997）。死亡教育對國中生死亡概念、死亡態度影響之研究。國立高雄師範大學教育研究所碩士論文，未出版，高雄。

鄧運林（2000）。認識生命教育。國語日報，12 月 7 日，第 13 版。

鄭石岩（2000）。生命教育從何著手。北縣教育，33，18-24。

索甲仁波切著、鄭振煌譯（1996）。西藏生死書。台北：張老師。

薛春光（2001）。融入九年一貫課程的生命教育藍圖。載於何福田（主編），生命教育論叢（147-154）。台北：心理。

Doll, R. C. (1982). *Curriculum improvement* (5th ed.). Boston: Allyn and Bacon.

本文改寫自：《教育資料集刊》26 輯（2001.11）。

第六章

綜合活動領域「生命教育」
統整課程與多元智慧教學設計

丘愛鈴

壹) 前言

　　一九九九年教育部長曾志朗博士發表〈生命教育——教改不能遺漏的一環〉一文，呼籲我國教育必須從制度面的改革，進而到重視學生的情意教育，其後更正式提出二〇〇一年為各級學校「生命教育年」，這項政策宣示代表國家對生命教育的重視與推動的決心。事實上，教育部決定自二〇〇一年八月起在國小一年級全面實施九年一貫新課程，藉由學習領域的「課程統整」，將過去的分科課程統整為七大學習領域，其中綜合活動學習領域納入「生命教育活動」指定內涵，明訂學校必須進行相關課程的規畫與教學，教學時數不少於綜合活動學習領域總時數的 10%，不能省略，也不得刻意淡化或稀釋（教育部，2003）。二〇〇六年即將實施的高中課程暫行綱要，則正式將生命教育納入選修類科，共規畫了八科各二學分之課

程，顯見教育部積極推動小學到高中十二年一貫的生命教育課程。有鑑於推動與落實生命教育課程的必要性，因此本文主要目的即在說明生命教育的意義、目的、課程內涵與課程設計的理念，並藉由《尊重生命》統整課程設計範例提供國小教師參考，最後檢討生命教育統整課程設計相關問題並提出建議，期盼隨著九年一貫新課程的實施，生命教育課程能及早在國小紮根和實施。

貳) 生命教育的意義、目的與課程內涵

一 生命教育的意義

　　國內推動生命教育的背景與國外有所不同，孫效智（2000）認為相較於澳洲雪梨在一九七九年成立「生命教育中心」（life education center, LEC），致力於「藥物濫用、暴力與愛滋病」的防治。近年來台灣提倡生命教育的社會背景則與暴力有關，一是不尊重與傷害他人生命的暴力；一是青少年的自我傷害或自殺。孫教授進而從定義的周延性原則進行分析：㈠生命教育不該只是消極的「自殺防治」而已；㈡生命教育不該只是「生死教育」而已，還應該關懷生死兩點之間的「安身立命」和人生價值觀的建立；㈢生命教育不該只是「悲傷輔導」而已，必須正本清源，面對悲傷背後所涉及的思想課題，也就是人生哲學的終極關懷以及倫理學的思辨議題。他認為生命教育的意義是指「深化人生觀、內化價值觀、整合行動力」的一種有關人之所以為人的意義、理想與實踐的教育。

　　由於生命教育具有科際整合學科的特性，學者對「生命教育」概念的詮釋尚無一致性的意見。目前以教育部中等教育司網站公布

的普通高級中學生命教育類課程暫行綱要中，對生命教育的定義為主：「生命教育即探索生命中最重要議題，並引領學生在生命實踐上達到知行合一的教育。」（孫效智，2004）上述定義以生命中最重要議題為範圍，展現出生命教育課程的多元豐富性，以引導學生探索和反思生命的意義與價值，以知行合一為生命實踐的目標，以促進學生的道德實踐和人格發展，進而尊重和熱愛自己和他人的生命，激發出生命的潛能和活出生命的光采。

二　生命教育的目的

　　前教育部長曾志朗博士（1999）提出生命教育的目的在強調情意教育、人際關係的建立、了解生命的意義、對人的尊重、對死亡的正確認知。前台灣省教育廳廳長陳英豪博士則引用哲學大師懷德海（N. Whitehead）名著《教育目的論文集》（*The Aims of Education and Other Essays,* 1929）裡的教育理念，說明其推動國、高中階段生命教育的目的：

　　　　懷德海認為，教育除了訓練人具有嫻熟的技能與知識外，其最終目的並非「在大提箱上堆積物件的過程」，而是要讓受教者知道教育除了獲得理性知識外，更重要的是學習「做人」與「尊敬他人」的功課，並讓人在這個過程中真正「安頓心中不安的心靈」。

　　由上可知，教育決策者希望藉由生命教育的推動，使學生在受教過程中了解生命的意義，進而尊重自己和別人的生命，建立正確的人生觀和良好的人際關係，並從中發展出「生命的智慧」和對生

 生命 教育

命的終極關懷。從前台灣省教育廳、高雄市教育局、台北市教育局陸續推展生命教育計畫總目標中亦可見其梗概（如表6-1）。

　　整體而言，黃德祥（2000）認為生命教育的推動主要在幫助學

表 6-1　前台灣省教育廳、高雄市教育局、台北市教育局
　　　　推展生命教育計畫總目標

教育行政機關	生命教育計畫總目標
台灣省教育廳 （1998）	1. 輔導學生認識生命的意義，進而重視生命、熱愛生命，豐富生命的內涵。 2. 輔導學生認識自我，建立自我觀念，進而發展潛能實現自我。 3. 增進人際關係技巧，提昇對人的關懷。 4. 協助學生建立正確的人生觀，陶冶健全的人格。
高雄市教育局 （1998）	生死教育的目的在於彰顯生命的真義，教導學生確立正確、積極的人生觀，讓每個人的生命與死亡都有尊嚴，提高生活品質，並能確立其正確、健康的死亡概念，以及對死亡的恐懼，培養正面的死亡態度和有效因應行為。
台北市教育局 （1999）	1. 輔導學生能認識自己、建立自信，實現自我。 2. 增進學生人際溝通技巧，加強接納他人、與人和諧相處之能力。 3. 鼓勵學生接觸大自然，體驗多元生命形態。 4. 協助學生探索生命的意義，提昇對生命的尊重與關懷。

資料來源：1. 台灣省政府教育廳（1998）。台灣省國民中學推展生命教育實施計畫。
　　　　　2. 高雄市政府教育局（1998）。《高雄市國民小學生死教育手冊》。
　　　　　3. 台北市政府教育局（1999）。《台北市生命教育實施計畫》。

生認識自己的生命與尊重他人的生命，進而能珍惜人類所共同生存的環境。此外，更能主動的去思索生命的意義，找出自己存在的價值與定位，進一步將自己所學回饋社會，造福更多的生命。因此，小學階段希望達成下列四項目的：㈠幫助學生主動去認識自我，進而尊重自己，熱愛自己；㈡培養社會能力，提昇與他人和諧相處的能力；㈢認識生存環境，了解人與環境生命共同體的關係；㈣協助學生探索生命的意義，提昇對生命的尊重與關懷。

三　生命教育課程的內涵

　　國小階段生命教育課程的研發，目前有國立台北教育大學張湘君教授與台北市吳興國小葛琦霞老師（2000）編著《生命教育一起來》一書，以二十五本童書探討生命教育的三大概念：㈠看重自己：兩性平等，不一樣的家，生死議題；㈡尊重他人：可愛親人，殘障朋友，親愛爺奶；㈢敬重自然：愛鄉愛土，萬物有愛。張教授認為生命教育的內涵包括人生倫理、宗教道德哲學等生硬的議題，對國小階段的兒童而言，宜以「分享理念而非傳授知識的有形課程」及「動之以情的體驗活動」的原則加以適度轉化，藉助活潑多元的童書創意活動設計，讓兒童感受生命的美好，讓生命教育有「生命」，才能培養學生自愛、愛人、愛物的能力。近來台北市百齡國小黃麗花老師（編按：現任教於花蓮縣北埔國小）編著《生命ㄅ筆記——生命教育方案學生手冊》，以增進學生的自我概念、人際互動、社會技巧、解決問題等四項生命教育內涵，設計十二項單元教學活動（用心去玩、動物學校的啟示、多元的智慧、特別的我、第一顆石頭、撒該奇遇記、花明與銘雄、有話好說、我是名偵探、三股繩子、絕地大反攻、後會有期），經過三個月完整的實驗教學考驗，證明

能減少國小兒童的攻擊行為，增進學生的生活適應，使兒童建構出屬於自己的價值體系，包括具體的自我接納、能適當的運用社會技巧、能注意到人際互動應有的態度、運用問題解決的要領解決問題（吳庶深、黃麗花，2001）。

國、高中階段生命教育課程的研發，已由台中曉明女中生命教育中心規畫完成六年一貫十二單元之生命教育教材與教師手冊，分別為：（國一）欣賞生命，做我真好；（國二）生於憂患，應變與生存；（國三）敬業樂群，信仰與人生；（高一）良心的培養，人活在關係中；（高二）思考是智慧的開端，生死尊嚴；（高三）社會關懷與社會正義，全球倫理與宗教（錢永鎮，2000）。上述生命教育課程規畫是以全人教育、倫理教育的角度出發，課程內涵包括了倫理教育、公民教育、性別教育、宗教教育、環境教育、情緒教育等人生的全部歷程。國立高雄師範大學張淑美教授（2001）開設「死亡教育研究」課程時，指導現職的國中、高中職教師及教育行政工作人員，設計「融入」原授科目的生死教育教學單元，並蒐集生死學相關影片設計為教學輔導活動，可提供中學教師參考。二○○六年即將實施的普通高中生命教育類課程暫行綱要，在終極關懷與實踐、倫理思考與反省能力的培養、人格統整與靈性發展三大核心領域下共規畫了八科各二學分之課程，其中「生命教育概論」是最基礎的入門課程，「哲學與人生」、「宗教與人生」、「生死關懷」、「道德思考與抉擇」、「性愛與婚姻倫理」、「生命與科技倫理」、「人格與靈性發展」等為七科進階課程（孫效智，2004）。

在實施成效方面，根據張淑美（2000）、林思伶（2000）對國中、高級中學之調查研究均發現：各校實施生命教育課程面臨之困難為「教材與參考資料不足」，因此建議：結合有能力、有意願的

專業人才，有系統的開發各階段學生適用的生命教育教材，俾便提供教師配合專業學科背景，有創意地將生命教育的主題或核心概念融滲在日常生活的教學中。

　　茲將目前國內教育行政當局推動之生命教育、倫理教育、死亡教育、生死教育之課程內涵進行比較（如表 6-2）。

表 6-2　生命教育、倫理教育、死亡教育、生死教育課程內涵之比較

課程比較	課程重點	課程內涵
生命教育（綜合活動領域指定內涵）	從觀察與分享對生、老、病、死之感受過程中，體會生命之意義及存在的價值，進而培養尊重和珍惜自己與他人生命的情懷。	1. 認識自我。 2. 生活經營。 3. 社會參與。 4. 保護自我與環境。
倫理教育	1. 以全人的角度出發，建構全方位的自我。 2. 著重群己關係的探討與融合。	1. 人與自己的關係。 2. 人與人的關係。 3. 人與環境的關係。 4. 人與自然的關係。 5. 人與宇宙的關係。
死亡教育	1. 藉著死亡課題，得以反思生命的有限性。 2. 著重探討死亡的價值與意義。	1. 死亡的本質與意義。 2. 對死亡與瀕死的態度。 3. 對死亡與瀕死的處理與調適。 4. 特殊問題的探討。
生死教育	1. 將生命視為生與死的歷程，皆涵蓋生死兩項課題。 2. 著重培養正面的死亡態	知識篇： 1. 死亡與死亡教育。 2. 失落與哀傷的輔導與調適。

（接下頁）

（承上頁）

課程比較	課程重點	課程內涵
	度與有效的因應行為。	活動篇： 1. 生命的開始。 2. 生命的挑戰。 3. 生命的超越。 4. 生命的禮讚。

資料來源：1. 教育部（2003）。《國民中小學九年一貫課程綱要綜合活動學習領域》，頁 26。
2. 蕭燕萍（2000）。《高職學生生命教育課程內容之分析》，頁 21-25。

參　生命教育課程設計的理念

　　生命教育課程設計的理念，建構在教育部一九九八年公布之《國民教育階段九年一貫課程總綱綱要》及二〇〇三年公布之《國民中小學九年一貫課程綱要綜合活動學習領域》所提示的基本內涵、課程目標、教學設計以及評量原則與方式之基礎上，包含人本情懷、基本能力、課程統整、多元智慧教學、多元評量等五大理念。

一　人本情懷

　　九年一貫新課程的基本內涵包括「人本情懷」、「統整能力」、「民主素養」、「鄉土與國際意識」、「終身學習」等五項，生命教育可說是人本情懷的基礎之一，包括了解自我、尊重與欣賞他人等。

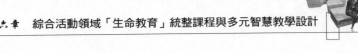

二　基本能力

　　生命教育的課程設計應以學生為主體，以生活經驗為重心，透過人與自己（強調個體身心的發展）、人與社會（強調社會與文化的結合）、人與自然（強調自然與環境）三個面向，培養現代國民所需要的十大基本能力，這些基本能力取代以往的知識學習，是學生在學習、生活和工作中能帶著走的關鍵能力。

三　課程統整

　　「課程統整」（curriculum integration）係將兩種或兩種以上的學習內容或經驗，組合成一種有意義的、統整的學習內容或經驗。Beane（1997）認為課程統整包含經驗統整、社會統整、知識統整、課程設計統整四個向度，目的在於學生與自己、學生與社會、學生與知識、學生與課程之間建立有意義的連結。生命教育的內涵包含倫理教育、死亡教育、生死教育、宗教教育、環境教育等多元題材，宜採課程統整的組織形態，將生命教育相關的概念和活動，融入各學習領域的課程內容與教學中實施。

四　多元智慧教學

　　美國哈佛大學心理學教授 Howard Gardner 於一九八三年提出多元智慧理論（the theory of multiple intelligences），認為智慧是多元的，每個人都具備語文、邏輯數學、空間、肢體動覺、音樂、人際、內省、自然觀察者等八項智慧，而且大多數人的智慧可以發展到適當的水準。因此，教師在課堂上應變換不同智慧的教學方式，讓學生找到自己適合的學習方法，以提昇學習的效能。

五 多元評量

評量的目的應該有益於教學的改進以及增進學生的表現。統整課程與多元智慧教學提出以觀察記錄、文字敘述、學生作品、檢核單、錄音、錄影、照片、圖表、研究報告、活動心得、學習進展表等多元方式取代傳統固定的標準測驗，強調真實性評量（authentic assessment），讓學生有更多機會在「真實生活」的情境中表現出學習成果，評量在真正的教學活動中進行，而不是教學活動後才找時間實施。

肆 生命教育統整課程與教學設計

根據教育部公布的國民中小學九年一貫課程綜合活動學習領域中的生命教育內涵，應用上述五項課程設計理念發展出以「生、老、病、死」之生命自然循環為主題的《尊重生命》[1]統整課程設計與教學計畫，讓學生在「人、生物、環境」三個不同的範疇，從探索生命、尊重生命、熱愛生命、創造生命中，學習欣賞、尊重他人與自然萬物，進而以積極樂觀的態度面對生命，活出生命的光采。

1　《尊重生命》統整課程設計與教學計畫是筆者擔任教育學程「課程設計」課程，指導余翠樺、盧永晶、鄭又睿、張心怡、張士原、張詒峰、張智麟等七位同學，應用上述五項課程設計理念發展出來的生命教育統整課程，並經筆者修改而成。

《尊重生命》

一、適用對象：國小高年級學生

二、教學節數：共 20 節，800 分鐘（教師可視需要調整學習活動內容，並增減教學節數）。

三、課程目標：

　㈠了解自我與發展潛能

　　1. 從優點大轟炸活動中了解自己的人格特質、興趣與能力。

　　2. 從角色扮演活動中學習自我接納、欣賞，進而建立自信心。

　㈡欣賞、表現與創新

　　1. 從實地參觀活動中欣賞萬華龍山寺的建築之美。

　　2. 從創意設計活動中設計自己理想中的社區。

　㈢生涯規畫與終身學習

　　1. 從電腦圖表的實作活動中規畫自己的未來。

　　2. 從記錄壓力日記與反省日記活動中適應社會生活的變遷。

　㈣表達、溝通與分享

　　1. 從小組討論與辯論活動中發表對興建核電廠的看法。

　　2. 從發表「如果生命只剩三天」的活動中分享生命經驗。

　㈤文化學習與國際了解

　　1. 從觀賞錄影帶活動中了解國外優良社區的規畫情形。

　　2. 從觀賞錄影帶活動中省思國外不同葬禮的文化意涵。

　㈥規畫、組織與實踐

　　1. 從蒐集資料活動中了解珊瑚白化的原因，並規畫搶救行動。

　　2. 從打掃社區獨居老人居家環境活動中實踐敬老行動。

㈦獨立思考與解決問題

　　1. 從核四辯論會活動中省思解決核四興建的利與弊問題。

　　2. 從植被實驗中分析土石流的成因與改善之道。

四、統整課程概念網

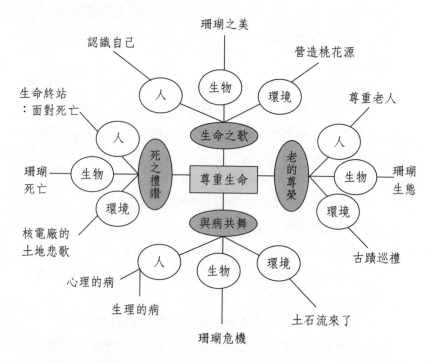

五、多元智慧教學

　　《尊重生命》統整課程採用多元智慧教學方法，讓學生用文字思考或語言表達方式（語文智慧），邏輯思維或數學等比尺觀念（數學智慧），小組討論、報告或合作式學習（人際智慧），反省活動、反省日記、學習單、自我評量（內省智慧），觀察記錄或校外寫生（自然觀察者智慧），角色扮演、戲劇表演、帶動唱、實驗（肢體

動覺智慧），錄影帶、投影片、海報、圖表、電腦媒體（空間智慧），傾聽生日快樂歌及喪禮哀歌（音樂智慧）等多樣化教學法，達成生命教育統整課程的目標。

六、《尊重生命》教學週進度表：

週次	單元	學習目標	學習活動綱要
一	生命之歌	1. 了解自我與發展潛能，建立積極進取的人生觀。 2. 感謝生命貴人，體會知福、惜福再造福的意義。	1. 人：認識自己。 ● 我的成長。 ● 感恩惜福。
		1. 欣賞珊瑚的生命之美，獲得珊瑚相關知識。	2. 生物：珊瑚之美。 ● 美麗的珊瑚怎麼來？
		1. 認識自己居住社區的生活環境。 2. 設計自己理想中的社區。	3. 環境：營造桃花源。 ● 探索社區。 ● 創意社區 DIY。
二	老的尊榮	1. 認識老人的生活需要，並給與協助。 2. 用愛心思考生命、經營生命。	1. 人：尊重老人。 ● 老吾老以及人之老。
		1. 觀察珊瑚周圍生物的共生環境，了解珊瑚的功能與價值。	2. 生物：珊瑚生態。 ● 珊瑚，你的鄰居是誰啊？
		1. 了解龍山寺的歷史與建築特色。	3. 環境：古蹟巡禮。 ● 賞析藝術殿堂——龍山寺。
三	與病共舞	1. 認識兒童常見的生理、心理疾病，並學習預防保健。 2. 學習探病的禮儀，並關懷、體貼和細心照顧病人。 3. 培養對壓力的挫折容忍力，認識化解壓力的方法。	1-1. 人：生理的病。 ● 生病了，怎麼辦？ ● 探病禮儀。 ● 健康運動 GO！GO！GO！ 1-2. 人：心理的病。 ● 走出陰霾——認識心理疾病。 ● 解壓總動員。

（接下頁）

教育

（承上頁）

週次	單元	學習目標	學習活動綱要
		1.了解人為破壞對珊瑚自然生態環境與生物環境造成的負面影響。	2.生物：珊瑚危機。 ●咦！珊瑚怎麼變色了？
		1.了解土石流的原因及其嚴重後果。 2.從實驗中了解水土保持工作的重要。	3.環境：土石流來了！ ●道路坍方了。 ●水土保持實驗設計。
四	死之禮讚	1.對死亡有正確的認知，並追求生命的積極意義與價值。 2.了解不同葬禮儀式及對環境影響。	1.人：生命終站──面對死亡。 ●如果還有明天。 ●生命休止符。
		1.省思人類破壞珊瑚環境的行為，實踐永續愛護與保存環境的行動。	2.生物：珊瑚死亡。 ●為什麼珊瑚白化了？
		1.思考自己的用電方式及核電的存廢問題。 2.批判思考並表達興建核電廠之利弊。	3.環境：核電廠的土地悲歌。 ●核四問題影片欣賞。 ●核四辯論會。

七、《尊重生命》多元智慧教學計畫：

單元一：「生命之歌」教學活動設計

學習活動	學習策略	多元智慧	學習評量
人：認識自己			
活動一：我的成長 ◎引起動機 　介紹有特色的「我的成長」學生檔案。	檔案分享	語文	檔案評量（獎狀、照片）

（接下頁）

（承上頁）

學習活動	學習策略	多元智慧	學習評量
◎發展活動 　1.每位學生可以用各種創意方式，上 　　台進行一分鐘自我介紹。 　2.進行「優點大轟炸」活動。	全班學習	肢體動覺 人際	同儕評量 口語評量
◎統整活動 　1.反省思考：回想自己成長過程中的 　　重大事件及對自我的影響。 　2.指導學生寫學習單「成長的喜悅」。 　3.教師鼓勵學生培養積極進取的人生 　　觀。	個別學習	內省 語文	學習單評量
活動二：感恩惜福 ◎引起動機 　1.教師說明每一個人都是獨特的，生 　　命遭遇也不同。 　2.教師解說特殊兒童林銘賢的故事。	全班學習	語文	學習態度
◎發展活動 　1.由同學演出林銘賢的故事，使同學 　　了解林銘賢在學校與同學相處所遭 　　遇的困難。 　2.分組討論，思考林銘賢的故事帶給 　　我們的啟示。	戲劇表演 小組討論	肢體動覺 人際	戲劇演出 參與討論
◎統整活動 　1.反省思考：思考自己擁有何種的幸 　　福是別人沒有的，自己是否珍惜。 　2.指導學生寫學習單「感謝生命貴人」。	個別學習	內省 語文	學習單評量
<div align="center">**生物：珊瑚之美**</div>			
活動三：美麗的珊瑚怎麼來？ ◎引起動機 　學生課前蒐集和研讀有關珊瑚的資料。	資料蒐集	語文	檔案評量
◎發展活動 　1.利用實物投影機介紹珊瑚的種類及	全班學習	自然觀察	學習態度

（接下頁）

（承上頁）

學習活動	學習策略	多元智慧	學習評量
其成長的特性。 2.欣賞公視網站（http：//www.pts. org.tw）介紹珊瑚繁衍過程。		空間	
3.小組討論珊瑚在台灣海域分布、形成和繁衍的情形。	小組討論	人際	參與討論
◎統整活動 　指導學生回家完成學習單「珊瑚在台灣的家」。	個別學習	語文	學習單評量
環境：營造桃花源			
活動四：探索社區 ◎引起動機 　1.學生分組撰寫「社區地圖」學習單，使其了解自己所居住的環境及可運用的資源。	小組合作	空間 自然觀察	學習單評量
◎發展活動 　1.利用各組所完成的學習單，來介紹社區中如：捷運站、醫院、圖書館、銀行、郵局、學校、公園、公車站等社區資源及其功能。	全班學習	語文	學習態度
2.請學生說出自己最常使用的資源以及使用的目的。			口語評量
◎統整活動 　藉由分組討論，讓學生分享彼此的經驗，以增進對社區的了解。	小組分享	人際	
活動五：創意社區DIY ◎引起動機 　利用Power Point簡報介紹其他社區的設計範例，啟發學生的設計理念。	全班學習	空間	學習態度
◎發展活動 　1.觀賞國外社區設計之影片，並請同學發表對外國的作法有什麼感想。	影片欣賞	空間	口語評量

（接下頁）

（承上頁）

學習活動	學習策略	多元智慧	學習評量
2. 分組討論自己居住的社區有哪些可以改進的地方，提出自己的建議。	小組討論	人際	
3. 校外寫生並利用比例尺觀念設計自己理想中的社區。	校外寫生	數學	實作評量
◎統整活動 同學上台發表，分享設計理念與成果。		語文	口語評量

單元二：「老的尊榮」教學活動設計

學習活動	學習策略	多元智慧	學習評量
人：尊重老人			
活動一：老吾老以及人之老 ◎引起動機 教師講述孝順的故事，同學分享內心感受。	全班學習	內省	口語評量
◎發展活動 1. 教師說明現今老人問題後，播放「獨居老人」錄影帶。	影片欣賞		
2. 分組討論關懷、尊重老人的具體行動，並派一位同學上台報告討論結果。	分組討論 全班分享	人際 語文	參與討論
◎統整活動 1. 反省思考：思考剛剛討論的敬老行為，自己是否真的能發自內心的去做，或只是紙上談兵。	個別學習	內省	實作評量
2. 指導學生回家完成學習單「敬老服務實錄」。			
生物：珊瑚生態			
活動二：珊瑚，你的鄰居是誰啊？ ◎引起動機 學生事先蒐集國立海洋生物博物館之	資料蒐集	語文	檔案評量

（接下頁）

（承上頁）

學習活動	學習策略	多元智慧	學習評量
主題展示館「珊瑚王國館」的相關資訊。			
◎發展活動			
1. 參觀珊瑚王國館，讓同學實際觀察和體會擁有龐大生產力的珊瑚礁生態系之海洋奇觀所展現之多樣且豐富的生命樣貌。	校外教學 觀察紀錄	肢體動覺 自然觀察	觀察評量
2. 聆聽導覽員介紹珊瑚的共生生物及珊瑚礁的相關知識。	問題發問 口頭報告	語文	口語評量
◎統整活動			
1. 比較珊瑚生態系與其他海洋生態系之不同。	個別學習	自然觀察	學習單評量
2. 完成學習單「美麗的珊瑚王國館」。		語文	
環境：古蹟巡禮			
活動三：賞析藝術殿堂——龍山寺			
校外教學注意事項：			
1. 活動時間：上午9點至下午4點。	校外教學	肢體動覺	
2. 集合地點：台北車站西三門		空間	
3. 交通工具：捷運板南線			
4. 分組：每小隊10人，請家長協助導覽並維持整組秩序。			
5. 生活公約：公共場所不可大聲講話，在捷運站不能吃東西。			
◎引起動機			
介紹龍山寺的歷史沿革和傳說。	小組學習	語文	檔案評量
◎發展活動			
1. 解釋寺內具有特殊意涵的事物。	小組觀察	自然觀察	觀察評量
2. 觀察寺內建築，如：藻井、雨簾、龍柱、抱鼓石……等之特色。	小組分享	空間	口語評量
3. 介紹寺內所供奉的神明及其職掌。	資料蒐集	語文	
◎統整活動			
指導學生完成學習單「龍山寺尋寶記」。	小組合作	內省	學習單評量

單元三：「與病共舞」教學活動設計

學習活動	學習策略	多元智慧	學習評量
人：生理的病			
活動一：生病了，怎麼辦？			
◎引起動機			
請五位同學演出「細菌大戰」的表演劇，學生分別扮演白血球、大腸桿菌、腸病毒、疱疹病毒、感冒病毒，讓學生在戲劇表演中了解身體對抗外來細菌、病毒威脅時的生理反應。	戲劇表演	肢體動覺語文	戲劇表演創意評量
◎發展活動			
1. 利用 Power Point 簡報介紹常見的幾種疾病：流行性感冒、水痘、齲齒、泌尿道感染、腸病毒、腹瀉、急性中耳炎、頭痛。	資訊融入教學	自然觀察	學習態度
2. 播放訪問馬偕醫院小兒科林醫師的VCR，讓林醫師以現身說法的方式，讓學生知道生病後該如何治療。	影片欣賞		
◎統整活動			
1. 將學生分組，分享自己感染這些疾病時的情形。	小組分享	人際	口語評量
2. 指導學生回家完成學習單「我的病歷史」。	個別學習	語文	學習單評量
3. 根據醫師的建議，讓學生寫下自己的「健康實踐契約」，條列出自己在日常生活中該注意的保健習慣（勤洗手、常刷牙……）。		內省	
活動二：探病禮儀			
◎引起動機			
1. 講述一個不懂探病禮儀而出糗的故事。	全班學習	人際	口語評量
2. 請同學分享自己的探病經驗。			

（接下頁）

（承上頁）

學習活動	學習策略	多元智慧	學習評量
◎發展活動 1.透過Power Point簡報介紹醫院內各病房的探病守則（加護病房、安寧病房、普通病房、燒燙傷病房……）。	投影片欣賞	空間 自然觀察	學習態度
2.唸二篇從《民生報》「醫療手扎」剪報下來的文章，讓學生從文章中更清楚了解病人的醫院生活與心理，進而同理他們的感受，在探病時表現最合宜的言談舉止。		語文 內省	
3.介紹「探病水果、鮮花完全手冊」，讓學生清楚知道探病時可以購買的物品。			
◎統整活動 1.學生分組分享自己探病的經驗。 2.指導學生寫一篇「探病」的作文。	小組分享 個別學習	人際 語文	口語評量 實作評量
活動三：健康運動GO！GO！GO！ ◎引起動機 　播放阿雅的ㄅㄨㄚˋ冰健康操，讓全班動起來。	全班學習	音樂 肢體動覺	參與情形
◎發展活動 1.用DVD光碟介紹幾種健康操：「早安、午安、晚安健康操」、「醒腦健康操」、「手掌健康操」。 2.講述各節的動作要領及示範。 3.分段動作的練習，分暖身動作、主要動作、緩和動作三步驟。 4.配合音樂反覆練習至動作純熟。	投影片教學		
◎統整活動 1.老師帶著學生一起隨著音樂練習上述介紹的健康操。 2.將學生分組，各組分別上台表演示範、互相觀摩。	健康操帶動唱 分組示範	人際	實作評量

（接下頁）

（承上頁）

學習活動	學習策略	多元智慧	學習評量
人：心理的病			
活動四：走出陰霾——認識心理疾病 ◎引起動機 　發給每位同學一個氣球，請同學自由發言說出生活中有哪些事會造成壓力，每一個壓力產生，大家就將氣球吹漲一些，直到飽滿、甚而破掉，以此暖身活動讓學生進入心理疾病的單元。	全班學習	語文 肢體動覺	口語評量
◎發展活動 1. 利用 Power Point 簡報介紹常見的心理疾病：憂鬱症、躁鬱症、強迫症、學習障礙等。	投影片教學	語文	學習態度
2. 播放訪問三軍總醫院精神科魯醫師的 VCR，讓學生知道心理疾病的產生原因。	影片欣賞		
◎統整活動 1. 學生分組分享對心理病患的看法。 2. 欣賞電影「心靈點滴」，讓學生願意學習敞開心門、分享壓力。	小組學習 影片欣賞	人際	口頭發表 學習態度
活動五：解壓總動員 ◎引起動機 　教唱台語歌「心事誰人知」，讓學生從歌詞的意涵中，知道分享的重要。	全班學習	內省	口語評量
◎發展活動 1. 透過 Power Point 簡報介紹各種不同的解壓方法（唱歌、畫畫、逛街、買東西、看電影、睡覺……等）。 2. 與學生分享一些解壓的真實案例。	投影片教學		
3. 介紹「壓力測量表」，讓學生能自己測量、分析自己的心理狀況與情緒。			實作評量

（接下頁）

（承上頁）

學習活動	學習策略	多元智慧	學習評量
◎統整活動 　1. 學生分組分享自己解除壓力的方法 　　與心情。	小組分享	人際	學習單評量
2. 指導學生完成學習單「解壓記錄週 　　記」。	個別學習	語文	
生物：珊瑚危機			
活動六：咦！珊瑚怎麼變色了？ ◎引起動機 　拿兩張珊瑚的圖片（健康和白化的珊 　瑚），讓學生比較美麗的珊瑚會不會 　一直保持繽紛的色彩？	全班學習	自然觀察 空間	檔案評量
◎發展活動 　1. 同學分組討論珊瑚是很長壽的生 　　物，但任何生物都有天敵，那麼珊 　　瑚的天敵是什麼呢？	小組討論 全班分享	語文	口語評量 同儕評量
2. 同學分組探討珊瑚的天敵對珊瑚造 　　成的傷害，並上台發表。		人際	
◎統整活動 　請學生撰寫「保育珍貴的珊瑚寶藏」 　的作文。	個別學習	語文	實作評量
環境：土石流來了			
活動七：道路坍方了 ◎引起動機 　由社區附近山區茶園的道路坍方談 　起，再引入中部土石流嚴重災情的新 　聞報導，請同學發表感想和看法。	全班學習	自然觀察 空間	口語評量
◎發展活動 　1. 參觀茶園了解其種植及開發情形， 　　並讓學生觀察茶園植被多寡。	校外教學	肢體動覺	觀察記錄
2. 小組討論：同學分組討論土石流成 　　因及其嚴重後果，並上台發表討論 　　結果。	小組討論 全班學習	人際 語文	參與討論 口語評量

（接下頁）

（承上頁）

學習活動	學習策略	多元智慧	學習評量
◎統整活動 　教師總結並補充學生討論不足之處。			
活動八：水土保持實驗設計 ◎引起動機 　教師講述水土保持工作的重要性和方法。	全班學習	語文	
◎發展活動 　1. 學生分組設計並操作水土保持五項實驗，包括：坡度多大、植被多寡、水量多大，並記錄結果。	小組實驗	數學 空間	實驗操作
2. 分組發表實驗結果。	小組討論		口語評量
◎統整活動 　學生撰寫學習單「水土保持人人有責」。	個別學習	語文	學習單評量

單元四：「死之禮讚」教學活動設計

學習活動	學習策略	多元智慧	學習評量
人：生命終站——面對死亡			
活動一：如果還有明天 ◎引起動機 　播放「期待你長大」有關兒童癌症的錄影帶和安寧病房的記錄片。	影片欣賞	語文	學習態度
◎發展活動 　1. 介紹台灣有哪些醫院附設安寧病房。 　2. 用 Power Point 簡報介紹安寧病房的由來、服務對象、安寧病房與一般病房的不同。 　3. 講述安寧病房發生的感人小故事。	全班學習		
4. 討論如果自己是安寧病房的醫生或護士，要如何對待這些需要幫助的病人。		人際	參與討論

（接下頁）

（承上頁）

學習活動	學習策略	多元智慧	學習評量
5. 試著表達影片中將失去親人的病患家屬的心情，或是如果家人臨終時會有怎樣的心情，以培養珍惜生命的態度。			口語評量
◎統整活動			
1. 分組討論心中最理想的安寧病房。	小組討論	人際	參與討論
2. 各組同學用角色扮演方式將所討論出的理想安寧病房表演出來。	角色扮演	肢體動覺	同儕評量
活動二：生命休止符			
◎引起動機			
教師說明萬物有生就有死的自然循環法則。	全班學習		學習態度
◎發展活動			
1. 觀賞有關葬禮的錄影帶，如黑澤明的「夢」，了解各地不同的葬禮所代表的意義及對死者表示尊敬的儀式。	影片欣賞	空間 自然觀察	
2. 介紹不同的葬禮對環境帶來的影響與衝擊。如火葬、土葬、天葬與風葬。			
3. 請學生分組腦力激盪思考是否還有其他更好、更環保的葬禮方式。	小組討論	人際	參與討論 同儕評量
◎統整活動			
1. 請同學說出最想念的往生親人或朋友，以及他們生前令人難忘的事蹟。	全班分享	語文	口語評量
2. 請同學們撰寫學習單「如果生命只剩三天」。	個別學習	語文	學習單評量
生物：珊瑚死亡			
活動三：為什麼珊瑚白化了？			
◎引起動機			
教師說明環境不佳是造成珊瑚白化現	全班學習	語文	學習態度

（接下頁）

（承上頁）

學習活動	學習策略	多元智慧	學習評量
象的主因；如果環境能夠迅速恢復正常，「白化」的珊瑚將恢復原有的色彩。 ◎發展活動 　1. 同學分組討論珊瑚礁面臨哪些人為的環境破壞？如何制止破壞行為？ 　2. 請小組發表保育珊瑚礁生態的方法。 ◎統整活動 　指導學生回家完成學習單「還給珊瑚一個乾淨的家」。	 小組討論 全班分享 個別學習	 人際 自然觀察 語文	 參與討論 口語評量 學習單評量
環境：核電廠的土地悲歌			
活動四：核四問題影片欣賞 ◎引起動機 　由生活中用電習慣，循序漸進引導學生思考核電廠相關問題。 ◎發展活動 　教師播放有關核電廠的錄影帶，內容包括核電廠的運作、可能造成的後果及核電廠附近的生態情形。 ◎統整活動 　學生分享影片欣賞心得，教師歸納重點。	 全班學習 影片欣賞 全班分享	 語文 自然觀察 空間 人際 內省	 學習態度 檔案評量 口語評量
活動五：核四辯論會 ◎引起動機 　學生課前蒐集、研讀、組織歸納有關興建核電廠利弊分析之資料，以便有整體性的了解。 ◎發展活動 　1. 教師講解辯論程序和規則。 　2. 辯論會：經由正反意見的相互激盪，讓學生在辯論中能獲得更縝密的思辯方式。	 資料蒐集 問題思考 分組辯論	 語文 肢體動覺 人際 數學	 檔案評量 同儕評量 參與情形

（接下頁）

（承上頁）

學習活動	學習策略	多元智慧	學習評量
◎統整活動 　1. 教師總結雙方意見並給與鼓勵。 　2. 教師指導同學寫學習單「核四好嗎？」	全班學習 個別學習	語文	學習單評量

伍）檢討與建議

一　統整課程、教學與評量，達成生命教育課程目標

　　在《尊重生命》統整課程與教學設計中，小組中一位同學的心得寫出：

　　　　做這個報告就像在剝洋蔥一樣。剝洋蔥？怎麼說呢，因為課程設計是一層一層地在做，而課程的統整架構圖中，每跨一層，就要更確切地表現課程的中心目標。要做到這樣，並不是那樣的容易，因為需要經過慎密的思考，才能做出合邏輯的教案，而這個過程是沉重的，就像一邊剝洋蔥，會一邊流眼淚一樣。

　　但是為了達成生命教育課程目標，讓學生在真實生活中確立生命的意義和價值，建立積極進取的人生觀，提昇與他人和諧相處的能力，尊重生命的多樣性及大自然的規律性，啟發學生的生命智慧，深化價值反省及整合知情意行的生命動力，統整課程、教學與評量

三個密切關聯的部分是重要的（Soodak & Martin-Kniep，1994）。

　　具體而言，統整課程設計的要領以學生生活經驗（Student-cen-tered）為起點，統整生命教育單元（Subject matter）重要概念，結合社會關懷的議題（Society），這種 3Ss 的課程設計方法，正是美國哥倫比亞大學教授Beane（1997）所提出的知識統整、經驗統整、社會統整的實踐。其次，在理想課程（ideal curriculum）落實為教室層次的運作課程（operational curriculum）時，教師還要構思一個能將生命課程意義化的方法傳遞給學生，善用多元智慧教學轉化策略，使學生在觀察、體驗、省思和分享的多樣化學習活動中，感受生命之意義與存在的價值。最後，多元評量必須在真正的教學活動中進行，讓學生有更多機會在「真實生活」的情境中，實踐珍惜生命、關懷他人與萬物的具體行動。

二 掌握生命教育內涵，發展學校本位生命教育之教材

　　國民教育九年一貫課程倡導學校本位課程發展（school-based cur-riculum development）的理念，因此有必要一方面落實國定課程綜合活動領域生命教育的指定內涵，一方面根據學校整體課程目標，給與教師更多彈性和自主的空間去發展多樣化的生命教育教材，使得國本、校本和教室層次的課程目標一以貫之。

　　有鑑於生命教育在學校推動時遭遇二大困境：㈠教師對生命教育的概念內涵等專業知能不足；㈡教材與參考資料不足。筆者建議之解決策略為藉由學校本位的教師專業成長，同步發展學校本位之生命教育教材。在學校本位的教師專業成長方面，可以讀書會方式研讀中央或縣市教育局發展之生命教育教材，就生命教育特定主題蒐集網際網路之資料，鼓勵教師參與生命教育研討會，邀請學者專

家蒞校演講，辦理生命教育工作坊等多元方式，分享教學經驗，溝通新觀念，增進教師生命教育專業知能。

在發展學校本位之生命教育教材方面，誠如《尊重生命》統整課程設計小組同學的心得表示：

> 重點應該在於如何讓老師知道利用身邊資源、搜尋資料、取得資訊，並且培養一顆敏銳的心去覺察學生真正需要的課程是什麼？而不是彷彿要設計一個絕對完美、皆大歡喜的課程才可以。

由於統整課程企圖整合相關的學科知識概念與技能，也強調與學生生活情境產生關聯，因此學校教師在設計統整課程和生命教育單元教材時，應該考量學生的需求及興趣，加強社區生命教育的相關資源和機構的聯繫合作，研發相關課程或單科、多學科、科際整合統整課程之生命教育單元教材，培養學生主動積極的學習意願，讓學生在感性、快樂的學習中孕育充沛的生命活力。

三　生命教育統整課程設計，鼓勵教師成為創意的協調者與合作者

《尊重生命》統整課程設計小組的一位同學表示：

> 對其他組員而言，我是一位新加入的成員，因此對我們而言，相互是不熟悉的，但在與大家共同合作後，拉近了我與大家的距離，成為好朋友，這可說是附加的最大收穫。

過去傳統教師在教室裡可以獨立作業，暢所欲言，自作主張，決定教什麼和怎麼教。但在生命教育統整課程設計中，一位教師要同時具備許多學科知識並加以有效統整誠屬不易，因此首先要在學校中建立一個「協同合作的文化」（collaborative culture）和「學習社群」（learning community）；其次，教師的角色從過去課程的執行者和傳遞者，轉變為統整課程的推動者、設計者、協調者和行動研究者（陳伯璋，2001），教師必須走出自己的教室王國，與其他教師、家長、行政人員甚至學生協調合作，商討如何改變教學方法和學生的行為。

　　Hidalgo（2000）用「共同蛻變」（shared transformations）的概念，說明學校改革（school reform）和教師自我革新（self review）的密切關聯性，共同蛻變的關鍵因素包括：同步發生的、互動的、有活力的、合作的、民主的、公開的、經常的、複雜的、有願景的。當教師們了解自己新的專業角色和新的社會責任，願意花更多時間檢討自己的教學、教材、學生以及個人工作對於社會的影響，在相互勉勵、一起學習成長的同時，也帶動學校的改革和社會的進步。

四　設計多元智慧學習活動，培養生命智慧開發生命潛能

　　多元智慧理論運用在統整課程設計的最好方式可能是將多樣的教學方法結合運用，讓所有學生的優勢智慧在生命教育主題學習期間被強化。在《尊重生命》統整課程中，設計了各種多元智慧的學習活動，讓學生以不同的方式進行人與人（生命貴人、親朋好友、特殊兒童、病人和老人）、人與生物（珊瑚）、人與環境（社區、古蹟、土石流、核電廠）的生命交流與生命關懷，在一個主題四個單元中變換八種不同智慧的學習方式，讓學生有更多的機會運用其

多元的優勢智慧，來清楚表達對生命教育深刻反省和理解的內容。

值得注意的是，在《尊重生命》統整課程「老的尊榮」單元中設計了三個教學活動，「與病共舞」單元的教學活動卻多達八個，Brophy 和 Alleman（1991）呼籲統整教學活動必須達成重要的教育目標，同時教師也要衡量統整教學活動的時間效率，因此有必要重新檢視統整教學活動的教育價值、課程目標達成度、學生先備知識、時間效率、教師的工作壓力、學校資源等因素，加以增刪、修改後採用實施。其次多元智慧教學的四個步驟為：喚醒智慧（awaken intelligence）、擴展智慧（amplify intelligence）、實施教學（teach with/for intelligence）、智慧的遷移（transfer intelligence）（Lazear, 1995）。因此，在不同教學方法的轉換中，重要的是啟發學生在生、老、病、死的生命循環中，由肯定生命、欣賞生命、培養生命智慧到激發生命潛能，學習如何從生命的挑戰中開創自我生命價值，而不只是消極的自殺防治和悲傷輔導而已。

五　實施多元化學習評量，激發學習動機活出生命的光采

評量（assessment）是在教學活動中蒐集有關學生所知道的和他們所能完成的工作的資訊過程，學習評量重視評量學習內容的過程。傳統評量只強調認知，而忽略情意和技能，即使是認知的部分，也常偏重記憶評量的紙筆測驗，忽略觀察、分析、推理、問題解決、創造等多元思考能力，因而評量無法真實反映學生學習成果的多樣性（莊明貞、丘愛鈴，2003）。

在《尊重生命》統整課程中學習是涵蓋各個學習領域，教師要評鑑（evaluation）和記錄（documentation）學生在達到生命教育課程目標的整個學習過程，採用質性研究「三角檢核」的理念，在自

然情境中多方面蒐集、確認資料，掌握學生的學習訊息，以獲得高效度的評量。因此，「生命之歌」、「老的尊榮」、「與病共舞」、「死之禮讚」等四個單元均採取多元評量方法，特別注重學生在「真實生活」情境中表現過程的「真實評量」（authentic assessment）、「檔案評量」（portfolios assessment）或「實作評量」（performance assessment），兼顧學生在認知、技能、情意三領域的學習過程與結果，提供學生自我評量、同儕評量、教師評量、家長評量的機會，讓學生在個人主動學習、實驗操作、小組合作等學習過程中，分享探索生命時的驚喜，了解生命中的意外和苦難，透過深刻的反省與思考，活出樂觀、熱愛與勇氣的生命光采。

陸）結語

　　「生命教育」是近幾年來逐漸受到教育界重視的新興議題，誠如〈莊子‧大宗師〉篇中有言：「夫大塊載我以形，勞我以生，佚我以老，息我以死。故善吾生者，乃所以善吾死也。」生、老、病、死的生命節奏如同四季自然循環，生生不息，對於生死，我們無權選擇和逃避；但是對於從出生到死亡的每個日子，我們可以努力經營，讓有限的生命呈現出無限的價值。國民教育九年一貫課程的綜合活動領域強調讓學生在活動中有「實踐所知」的機會，同時能從容地表達自己對實踐活動的「情意」，在「認識萬事萬物」的同時也能「認識自己」，本文鼓勵教師在綜合活動學習領域進行「生命教育」統整課程與多元智慧教學設計，透過人與人、人與社會、人與自然的關係，引導學生有更多機會運用其優勢智慧，來清楚表達其對生命教育深刻反省和理解的內容，協助學生省思人之所以為人

的生命意義以及存在的價值，培養學生在生命的順境和逆境中接受挑戰的生命勇氣，進而尊重生命、關懷他人、熱愛人生、珍惜萬物、和諧於自然，以生命的多元智慧實現自我理想，達成生命教育的課程目標。最後，真誠期盼教育部訂定的「生命教育年」及接續積極推動小學到高中十二年一貫的生命教育課程，真能使每位學生經由學校教育獲得「生命傳承生命」所需的人生智慧。

參考書目

台北市政府教育局（1999）。台北市生命教育實施計畫。台北：台北市政府教育局。

丘愛鈴（1989）。台北市國中教師對死亡及死亡教育態度之研究。國立台灣師範大學教育研究所碩士論文，未出版，台北。

丘愛鈴（2003）。中小學教師實施統整課程之問題評析與解決之道。中等教育，54 (4)，110-121。

丘愛鈴（2003）。綜合活動教科書之潛在課程分析。課程與教學，6 (4)，37-54。

台灣省政府教育廳（1998）。台灣省國民中學推展生命教育實施計畫。研習資訊，15(4)，8-11。

吳庶深、黃麗花（2001）。生命教育概論：實用的教學方案。台北：學富。

林思伶（2000）。高級中學實施生命教育現況1998-2000。載於林思伶（主編），生命教育的理論與實務（151-170）。台北：寰宇。

林霓岑（2000）。國民小學教師設計統整課程之研究。國立台灣師

範大學教育學系碩士論文，未出版，台北。

孫效智（2000）。生命教育的內涵與哲學基礎。載於林思伶（主編），生命教育的理論與實務（1-22）。台北：寰宇。

孫效智（2004）。高中生命教育選修課課程規畫理念與展望。周大觀文教基金會與彰化師大主辦：高中「生死關懷」新設課程教學研討會，5月22-23日，109-114。

高雄市政府教育局（1998）。高雄市國民小學生死教育手冊。高雄：高雄市政府教育局。

張淑美（2000）。生命教育與生死教育在中等學校實施概況之調查研究。載於林思伶（主編），生命教育的理論與實務（171-199）。台北：寰宇。

張淑美主編（2001）。中學「生命教育」手冊——以生死教育為取向。台北：心理。

張湘君、葛琦霞（2000）。生命教育一起來。台北：三之三。

教育部（1998）。國民教育階段九年一貫課程總綱綱要。台北：教育部。

教育部（2003）：國民中小學九年一貫課程綱要綜合活動學習領域。台北：教育部。

莊明貞、丘愛鈴（2003）。國小教師學習評量信念與實踐之個案研究。國立台北師院學報，16 (1)，163-200。

陳伯璋（2001）。新世紀課程改革的省思與挑戰。台北：師大書苑。

曾志朗（1999）：生命教育——教改不能遺漏的一環。載於李遠哲等著，享受生命——生命教育。台北：聯經。

黃德祥（2000）。小學生命教育的內涵與實施。載於林思伶（主編），生命教育的理論與實務（241-253）。台北：寰宇。

蕭燕萍（2000）。高職學生生命教育課程內容之分析。淡江大學教育科技學系碩士論文，未出版，台北。

錢永鎮（2000）。中等學校生命教育課程內涵初探。載於林思伶（主編），生命教育的理論與實務（127-149）。台北：寰宇。

Beane, J. A. (1997). *Curriculum integration: Designing the core of democratic education.* New York: Teachers College Press.

Brophy, J. & Alleman, J. (1991). A caveat: curriculum integration isn't always a good idea. *Educational Leadership, 49* (2), 66.

Hidalgo, J. F. (2000). School reform and self review. 課程研究學術研討會專輯。台北：教育部台灣省國民學校教師研習會，49-55。

Lazear, D. (1995). *Multiple intelligence approaches to assessment: Solving the asessment conundrum.* Tucson, AZ: zephyr Press.

Soodak, L. C. & Martin-Kniep, G. O. (1994). Authentic assessment and curriculum integration: natural partners in need of thoughtful policy. *Educational Policy, 8* (2), 183-201.

本文轉載自：《教育資料集刊》26 輯（2001.11），經作者增修內容而成，原論文名稱為「國小生命教育統整課程之設計」。

第七章

生命教育：健康與體育的核心概念

吳庶深、黃麗花

壹 ）前言

　　教育部「推動生命教育中程計畫」（九十至九十三學年度），其主要具體目標有下列六項（教育部，2001a）：

一、鼓勵學生探討生命的意義、目的與理想。

二、落實「德、智、體、群、美」，五育均衡的教育目標。

三、培養學生道德判斷的能力。

四、幫助學生在生活中實踐道德倫理。

五、提昇學生情緒智商、解決問題的能力及與他人相處的能力。

六、開展多元學習環境，協助學生發展各種智慧與潛能。

　　若要達到上述六大目標，必須將生命教育納入學校正式與潛在的課程之中。現階段，學校面臨九年一貫課程的施行，因著此項課程改革，在時機上創造了落實生命教育的契機（孫效智，2001；林

思伶，2000）。本文以「健康與體育」領域為例，探討如何有效地
將生命教育的主題內容融滲於「健康與體育」領域的課程中。

根據教育部（2003：20）「九年一貫課程綱要健康與體育學習
領域」提到：

> 七大領域之中，唯有「健康與體育」跟生命的延續息
> 息相關。在我們提倡生涯規畫、終身學習的同時，如果沒
> 有健康的身心，一切都將是空談。……最重要的理念在以
> 啟發學生最基本的學習能力，……讓學習的成果與日常生
> 活相互結合，而非遙不可及的理論。

以上的論點，對「健康與體育學習領域」的教師而言，是一種
角色功能上的肯定，但也賦予了攸關「生命的延續」之重責大任。
本領域既然如此的重要，那麼身為本領域的教師們，要如何達成如
此重要的任務，就是大家所關心的焦點了。

貳 生命教育成為「健康與體育」核心概念的必要性

「健康與體育」教材的內容，要秉持課程統整之精神、從生活
經驗出發，並且打破主題軸的界線……，以上種種原則，如何具體
化為教材呢？換言之，怎樣的教材設計才能夠符合上述的原理原則，
將諸多的能力指標，透過適當的轉化，傳遞給學生呢？

我們認為，以生命教育為核心概念來發展「健康與體育」的教
材，是一個恰當而且必要的方式。因為生命教育兼顧基本性與終極
性目標：從愛惜自己的生命到尊重他人的生命、從提高挫折容忍力

到運用技巧因應環境、從了解生命的意義到充分地自我實現；從使個體成為身心健康的人做起，進而推己及人，肯定、愛惜並尊重他人如同自己，再佐以社會技巧、問題解決能力來達成生命教育的目標（黃麗花，2001a；吳庶深、黃麗花，2001）。此理念和「健康與體育」學習領域致力於「人自己之生長發育」、「人與人、社會、文化之互動」、「人與自然、面對事物時如何做決定」三層面的全人健康（total well-being）的目標不謀而合。以下就用我們所設計的生命教育方案（共十二個單元）其中一個單元（Part4：特別的我）說明之，教學活動學習單如表 7-1 所示。

表 7-1　教學活動學習單

Part 4：特別的我　　　　（欣賞他人、珍愛自我）

武功秘笈：人無法決定生命的長度，但是可以決定自己生命的深度。

A、問答篇（請將答案填在括弧中；答案有可能一個或是多個）

（　　）1. 美廉的生理症狀是(1)小兒麻痺(2)腦性麻痺(3)智能障礙。

（　　）2. 每個人都有她的特長，你知道美廉的專長是(1)繪畫藝術(2)運動(3)製作美食。

（　　）3. 對於先天或後天身心有障礙的人，我們應有的態度是：(1)肯定他的能力(2)可憐他(3)不理他(4)適時的協助他。

（　　）4. 美廉能活出生命的色彩，是靠著(1)父母的養育(2)老師發掘他的特長(3)周圍人們的鼓勵(4)自己的努力(5)信仰上帝的力量(6)以上皆是。

（　　）5. 請寫出你認為在美廉的生命中，最重要的人物。

B、分享篇

美廉有他的特別之處；不論是在生理上或是天資上。

從「動物學校的啟示」、「多元的智慧」到今天的單元──「特別的我」，

你發現你特別之處了嗎？你發現別人特別之處了嗎？

你是否像美廉一樣，活出自己生命的色彩呢？

請將你特別之處（包括自己和別人發現的），寫在下面：

_____

_____

_____

_____

_____

_____

C、應用篇

你看過誰努力地活出自己生命的色彩，請蒐集類似的報導，並浮貼在下面：

參 「健康與體育」學習領域教學實例——以生命教育為核心概念

一 教材來源

1. 吳庶深、黃麗花（2001）。《生命教育概論：實用的教學方案》。台北：學富。

2. 黃麗花（2001b）。《生命ㄅ筆記——生命教育方案學生手冊》。台北：學富。

二 教學單元名稱

特別的我。

三 相關的學習領域

1. 健康與體育學習領域（相關度最高，因統整了三個以上的主題軸）。

2. 綜合活動學習領域（相關度次高，因以生命教育為主要概念）。

3. 藝術與人文學習領域（相關度高，因本單元影片主角擅長繪畫藝術）。

四 教學對象和時數

適用於國小高年級或國一的學生，授課時數約二到三節課（視教師延伸程度而定）。

五 教學活動

1. 準備活動（10 分鐘）：請學生先閱讀學習單的「A、問答篇」，提示學生，讓他們知道觀賞影片時應留意的重點。

2. 發展活動（30 分鐘）：影片欣賞——「愛我不要同情我：黃美廉」，救世傳播協會製作。

3. 統整活動（20 分鐘）：師生共同確認學習單的「A、問答篇」之答案。教師藉由本活動和學生共同釐清某些刻板印象，並討論影片主角值得欣賞的身心健康表現（詳見表 7-2 之教學內容說明）。

4. 綜合活動（20分鐘）：和同學分享並完成學習單的「B、分享篇」（詳見表 7-3 之「歸納」方式）。

六 教學目標與教學內容說明

「特別的我」教學單元之教學內容及所要達到的能力指標，如表 7-2 所示。

表 7-2 「特別的我」教學單元內容及所要達到的能力指標

教學目標 （所要達成的能力指標）	教學內容說明 （括弧為對應的能力指標編號）
1-2-1 辨識影響個人成長與行為的因素。 1-2-2 應用肢體發展之能力，從事適當的身體活動。 1-2-3 體認健康行為的重要性，並	1. 影片中提到黃美廉是在出生時由於醫生的疏忽而得了腦性麻痺→一個人能平安健康的成長，要靠許多因素才能達成。(1-2-1) 2. 雖然美廉的運動神經受損，但

（接下頁）

（承上頁）

教學目標 （所要達成的能力指標）	教學內容說明 （括弧為對應的能力指標編號）
運用做決定的技巧來促進健康。	她依然很努力地以手來寫字、繪畫，而不是自暴自棄。(1-2-2、1-2-3)
6-2-1 分析自我與他人的差異，從中學會關心自己，並建立個人價值感。	3.美廉雖然生理受限，但她優於平常人的繪畫天分，開啟她生命多采多姿的旅程。(6-2-1、6-3-6)
6-2-2 了解家庭在增進個人發展與人際關係上的重要性。	4.家人的支持、美國完善的殘障教育制度、同學老師的肯定，都是影響美廉生命的重要關鍵。(6-2-2、6-3-2)
6-2-5 了解並培養健全的生活態度。	5.美廉說：「我不是殘缺的人，真正殘缺的人，是心理上有殘缺，沒有盼望、沒有自信、沒有信仰的人。」你認為呢？(6-2-5、6-3-6)
6-3-2 肯定家庭教育及社會支持的價值，願意建立正向而良好的人際關係。	
6-3-6 建立自己的人生觀，締造充實而快樂的人生。	6.學習單的「B、分享篇」，可以使學生透過活動，增強對自我的肯定。(6-2-1、6-2-5、6-3-6)
以上為本單元可直接達成的指標	
1-2-4 探討各年齡層生理變化，並有能力處理個體成長過程中的重要轉變。	1.美廉五歲時，醫生判定她終生殘廢。為什麼五歲才斷言？(1-2-4)
1-3-1 了解個人運動潛能及動作發展的差異性，並充分發展。	2.為什麼美廉的手不能伸直，走路也不穩？她如何努力使自己仍然行動自如？(1-3-1)

（接下頁）

（承上頁）

教學目標 （所要達成的能力指標）	教學內容說明 （括弧為對應的能力指標編號）
4-3-4 評估對各種不同需求的人的活動計畫。 6-2-3 參與團體活動，體察人物互動的因素及增進方法。 6-2-4 學習有效的溝通技巧與理性的情緒表達，認識壓力。 6-3-4 應用溝通技巧與理性情緒管理方式以增進人際關係。	3.美廉很容易受到驚嚇，也很容易緊張。你覺得是她個性的問題，還是旁人造成的？我們和殘障者相處時在態度上和言語上要避免什麼？(4-3-4) 4.學習單的「B、分享篇」，提供學生與他人分享正向訊息的機會，也因著分享內容是正面的，互動時氣氛也會融洽。(6-2-3、6-2-4、6-3-4)
以上為本單元可間接達成的指標	
6-3-5 理解道德、社會、文化、政策等因素如何影響價值或規範，並能加以認同遵守或尊重。 7-3-5 提出個人、社區及組織機構為建造更健康的環境所擬定的行動方案與法規。	1.為什麼美廉要到美國受教育？你有沒有聽過有人說腦性痲痺患者是白癡或神經病？或是有人說上輩子造孽才會生出這種小孩？這些觀念對不對？(6-3-5) 2.如果你是設計師，你如何將我們的學校或班級設計成方便美廉通行、學習的環境？(7-3-5)
以上為本單元可延伸的能力指標	

七　教學成效

　　黃麗花（2001a）曾對國小高年級（五、六年級）學童共一百二十一人實施本單元，學生對本單元的喜愛程度達 88%；茲將他們的

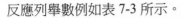

反應列舉數例如表 7-3 所示。

1. 學生學習本單元的收穫：(1)這個單元教我們不要自暴自棄，做錯事，不氣餒，再加油一定會更好；(2)知道我很多的優點；(3)知道自己有很多優點和缺點；(4)每個人都有他的特別之處，不可以因為他的長相，就對他不友善。

2. 本單元「B、分享篇」的結果見表 7-3。

表 7-3　「特別的我」教學單元之學習成果

反應題目：請將你特別之處（包括自己和別人發現的），寫在下面：				
學生學習成果	學業自我	能力個性	情緒自我	生理自我
・功課很好、跑步很快、熱心服務	○	○		○
・功課好、人緣不錯、體育還可以、字好看、品行不錯	○	○		○
・喜歡做實驗、想像力豐富、長很高、寫字漂亮、熱心助人	○	○		○
・能體會，感受他人的感覺及情緒、不理會沒有意義的批評、忍耐力強、有興趣的科目會努力去學、沒有男女之別	○	○	○	
・臉很小、很瘦、很高、蠻會吹笛子、很有朋友緣		○		○
・彈琴好、唱歌好、會領導別人、口才好、想像力豐富	○	○		
・跑步很快、跳遠很好、水彩畫不錯、說話演講、寫字漂亮	○	○		○
・音樂好、口才好、領導能力很好、唱歌好、功課好	○	○		
・寫字很漂亮、英文還算可以、畫畫、田徑跑步、說話演講	○	○		○
・美勞不錯、游泳不錯	○			○
・美勞好、口才好、想像力豐富、人際好、品行還可以	○	○		
・跑步跑得很快、游泳游得不錯				○
・跑步跑得很快、游泳游得不錯、羽球、籃球打得不錯				○
・游泳很好、溜冰不錯、跑步不錯、國語不錯、音樂不錯	○			○
・很有耐力、有搞笑的天分		○	○	
・很會玩自己的電動		○		
・聲音很大				○

（接下頁）

生命教育

1
4
0

（承上頁）

反應題目：請將你特別之處（包括自己和別人發現的），寫在下面：

學生學習成果	學業自我	能力個性	情緒自我	生理自我
·力氣很大、美勞好、很會做家事、愛看歷史書、功課還好、數學不錯、跑得快	○	○		○
·喜歡畫圖、很高、愛唱歌、愛跑步、愛游泳	○		○	○
·跑步很快、躲避很好、人緣好、愛搞笑、數學能力不錯	○	○	○	○
·跑步跑得不錯、羽球打得不錯、能包容別人			○	○
·畫畫很好、跑步很快、躲避籃球很好、研究精神不錯	○	○		○

歸納：由學生呈現內容可知，他們能從不同角度來欣賞與肯定自己，包括了：
    (1)學業自我：學業上的表現（各科表現，含藝能科）。
    (2)能力個性：自己能力、特質（個性）上的優點；如人際能力、品行、想像力、感受力……。
    (3)情緒自我：愛搞笑、包容人（不易生氣）。
    (4)生理自我：技能性活動、運動項目的表現。
    此外，若有學生都只列舉其課業上的優點，則可再鼓勵他想想自己其他方面的長處。

肆) 結語

    健康教育的主要目標在健康行為的實踐，體育主要目標在於健康潛能的開發（林貴福，2000：24-25；382-383）。「尊重生命」、「豐富生命」是健康教育與體育之共同目標（晏涵文，2001），透過生命教育教學單元——「特別的我」之教學，學生與老師對「生命的欣賞」及「生命的關懷」有實際的體會，並從中有所學習及成長：

㈠老師的教學以生命教育為核心，有助於「健康與體育」學習領域的教材設計

    生命教育強調對生命的肯定、尊重與關懷，很適合詮釋「健康與體育」的「全人健康」理念；老師在設計教材時，也會自然打破

主題軸的界線，統整其中的能力指標，以本文所提的教學活動為例，就統整了三個以上的主題軸（健康心理、生長發展、群體健康、運動參與等），讓教師發揮自己的專業知能，有彈性地選擇生活相關的主題及內容，以符合實際的教學需要。

(二)學生能在「健康與體育」學習領域獲得有益身心的知識和能力

依上述教學實例來看，學生透過影片欣賞、師生討論、同儕分享後，不僅對腦性麻痺患者有正確的認識，也透過影片主角黃美廉對生命的積極態度，了解自己與他人的身心，都有很大的發展空間；最後也「見賢思齊」，發現、欣賞自己的特別之處，活出生命的色彩。

(三)「健康與體育」攸關生命的延續，切中學生生命的需要

不論舊課程或是新課程，以往的「體育課」總是受到學生高度的喜愛，原因無他，乃因能提供學生活動筋骨、展現生命活力的機會。展望九年一貫課程「健康與體育」學習領域，不僅提供學生生理的發展機會，也培養學生有益身心健康的觀念和能力，可說是和生命、生活最直接相關的領域，若能以生命教育為核心概念，將會活化「健康與體育」的學習內容，使本領域再次成為學生的最愛！

參考書目

吳庶深（2001）。超越生命的困境。載於何福田主編，生命教育論叢（51-54）。台北：心理。

吳庶深、黃麗花（2001）。生命教育概論：實用的教學方案。台北：學富。

林思伶（2001）。生命教育的理念與作法。論文發表於台灣地區國

中生死教學教育研討會。彰化：國立彰化師範大學。

林貴福主編（2000）。國小體育科教材教法。台北：師大書苑。

晏涵文（2001）。健康與體育新課程綱要之理念、內涵與特色。論文發表於九年一貫課程「健康與體育」學習領域教學研討會。台北：國立台灣師範大學。

孫效智（2001）。生命教育的內涵與實施。哲學雜誌，35，4-31。

教育部（2001）。教育部推動生命教育中程計畫（九十至九十三年度）。台北：教育部。

教育部（2001）。國民中小學九年一貫課程暫行綱要。台北：教育部。

教育部（2003）。國民中小學九年一貫課程綱要健康與體育學習領域。台北：教育部。

黃麗花（2001a）。生命教育方案對學童攻擊行為與生活適應影響之研究。台北市立師範學院國民教育研究所碩士論文，未出版，台北。

黃麗花（2001b）。生命ㄅ筆記──生命教育方案學生手冊。台北：學富。

本文轉載自：《中等教育》53 卷 1 期（2002.02）。

第八章

視聽媒體在生死教育教學運用之探討

紀潔芳、劉可德

壹）前言

　　生死教育是生命教育中非常重要的單元，唯生死是國人較忌諱的話題，在教學中，要如何自然切入是一項教學藝術，唯值得慶幸的是在台灣地區，有許多教學資源可運用於生死教育教學中，不但可自然切入生死話題，且效果殊勝，此對生死教育教學成效之提昇有很大的助益。

　　通常所謂教學資源包括教課書、VCD、CD、DVD、自製Power-Point、錄影帶、幻燈片、實物及童繪本等，本報告以視聽媒體在生死教育教學之運用為探討範圍。

貳）視聽媒體在生死教育教學中之運用

視聽媒體包括幻燈片、投影片、錄音帶、錄影帶、CD、VCD、DVD 及 PowerPoint 等，在生死教育教學中，有關生老病死、臨終關懷及死後世界等之探討，皆可找到適合教學之視聽媒體，茲介紹如下：

一 人生四季之歌

㈠ VCD（安寧照顧基金，16 分鐘）。

㈡適合幼稚園、中小學、大學、成人及銀髮族觀賞。

㈢內容簡介

本片以老人與小女孩之對話，介紹出生命是什麼？死亡是什麼？如何告別及安寧照顧，畫面生動溫馨、對話雋永、簡要、發人深省，幾乎所有的對話，都是我們心靈深處一直想尋求的答案。

㈣教學運用與回饋

1. 此片僅十六分鐘，非常適合在一節課中播放，往往在學生觀賞後，教師有較充裕的時間討論與分享。

2. 在學生觀賞過死亡是什麼及如何告別後，學生會很自然回憶起家人去世的情境，提起自己心中曾經面對死亡的疑惑……，教師則可很自然地和學生討論死亡的觀念。

3. 研究者曾經將本片播放給小學二年級小朋友觀賞，令人非常驚訝小朋友居然能很自然接受死亡的觀念與過程，小朋友的學習單也令人感動，其中一位小朋友畫出死後的情景

——「一座墳墓及墳上有位小天使」，她說：

> 人死後身體埋在墳墓裡，但她的靈魂已經變成為小天使。

即她認為人死後身體和靈魂是分開的。

4. 研究者亦曾經播放給長青學苑的銀髮族觀賞，有一位八十多歲的老阿媽在觀賞後說：

> 我也要像影片中的阿媽一樣，在生前先交代清楚，我要告訴兒子我希望火葬，我要事先選好納骨塔的位置，我也要送小孫子一個項圈，讓他們能擁有紀念我的東西……。

據研究者為銀髮族上生死學課程的經驗，要和老人家談生說死，是件較困難的事情，但透過長青班的上課方式、透過觀賞VCD的方式或透過大眾討論的方式，均能較自然地收到理念溝通，預做準備的效果。

二　新生命誕生

(一) VCD（協和影視，50分鐘）。

(二) 適合幼稚園、中小學、大學、成人及銀髮族觀賞。

(三) 內容簡介

此片非常溫馨地介紹母親懷孕，胎兒出生及在滿月前嬰兒和母親之對話。其中令人動心處有：

教育

1. 有四個案例證明，四個月大的胎兒是能聽到外面的聲音，而且胎兒是有記憶力的。

2. 在片中醫生建議，早產兒的父母應該常去探訪保溫箱中的嬰兒，否則孩子感情世界的發展會較遲緩。

3. 通常滿月前的嬰兒已有豐富的感情世界，父母親要給孩子充滿愛的互動，這對孩子的人格養成及個性的培養都有很大的幫助。

4. 本影片充分運用現代科技，介紹胎兒及嬰兒的成長，但拍攝及旁白是感性加理性，在許多介紹胎兒及嬰兒成長之影片中，此片應是較動人、較幽默的，唯其中標題 "From womb to world"（從媽媽子宮到外在世界），womb 誤寫 womp，宜更正。另「吸吮」之「吮」字旁白唸錯，將「ㄕㄨㄣˇ」唸成「ㄩㄥˇ」，通常研究者在引領學生觀賞時，均為之糾正，以免以訛傳訛。

㈣教學運用與回饋

1. 在生死教育教學中「生之喜悅」是非常重要的教學單元，當學生了解孩子是多麼不容易被生下來時，多麼不容易被扶養長大，則平日會較珍惜生命，當碰到挫折時，亦較不易草草結束自己生命，有防範自殺之功效。

2. 研究者除在「生死教育」課程播放給學生看以外，在母親節前夕亦在一般課程中播放給學生看，多半學生從來不知道自己是這般被生下來，當學生看到胎兒從媽媽子宮抱出來的那一剎那，有的學生感動得流下淚來，走出教室後，大部分的學生都會迫不及待打手機給媽媽：

媽媽！我看到了十九年前的家，謝謝您把我生下來！

3. 研究者曾在生命教育種子教師培訓研習會播放給在職教師
　看，有的老師居然提到：

　　原來胎教這麼重要，真想再生個孩子！

　　研究者亦曾經播放給一位癌症老婆婆看，她的女兒陪侍在
　旁，看完後，女兒輕輕告訴媽媽：

　　　媽媽！您生下我們是這般辛苦！尤其是在日據時
　　代，物資非常缺乏，月子裡都沒有好好保養，今天我
　　們百般的照顧您，都不能報答您生育養育的恩惠於萬
　　分之一。

　　媽媽含淚點了點頭，這是研究者在教學中最意外的收穫。
4. 在教學活動設計方面
　(1)可請學生在胸前背三公斤重之背包，從早上升旗背到下
　　午放學，吃午餐及上洗手間都不可以取下來，降旗時，
　　學生會告訴老師：

　　老師！您知道嗎？這樣好累！

　　老師告訴他：

你媽媽已經背九個多月了，而且媽媽懷孕的累比背背包還要辛苦得多！

(2)讓學生去醫院嬰兒室探望小嬰兒，當學生看到嬰兒床上的小 baby 時，會不自覺自言自語道：

當初我也這麼小，真不知道媽媽是怎麼樣把我撫養長大的！

(3)研究者曾經設計大學一年級學生作業——「請計算你從出生到大學一年級，母親為你花了多少錢？兩星期後要繳這份作業」。幾天後接到家長電話：

紀教授！我不知道你這份作業的意義何在？但是我的孩子快把我煩死了！

大部分學生為了這份作業，都親自回家向媽媽問東問西：

「媽媽！我是剖腹生產，哪家中花了多少錢？我喝哪一種牌子奶粉？」
「S-26」
「五天一大罐」
「喝得這麼好！」
「媽媽！我到幾歲才不用紙尿片？」
「媽媽！上一次您帶我們去美國，花了多少

錢？」

　　「媽媽！前年我生病住院一個多月，花了多少錢？」

　　……

　　母子點點滴滴一筆一筆詳加計算，終於大致算清楚了，大部分學生花了家中二百到五百多萬不等，當這位學生發現，他從出生到大一，一共花了家中五百多萬元時，他落下淚來！爸爸只是一位平常的公務人員，但家中是這般的支持他、疼愛他及栽培他！三個星期後，研究者又接到家長的電話：

　　　　紀教授！謝謝您！我的孩子做了這份作業後，回家講話的態度溫柔了許多，以前總是看這邊不順眼，看那裡也埋怨，現在是感恩、謙和！

　　故在教學中，教師可以設計許多活潑生動的作業，讓學生去體驗，去感動，打從心裡收到潛移默化的功效。

㈤可相互搭配之教學資源

1. 生命的第一年（錄影帶）

內容介紹嬰兒的感情世界，雖是剛出生的嬰兒，但父母笑則嬰兒笑，父母如板起臉孔，則三個月大的嬰兒會哭出來，以科技實驗來敘述嬰兒的情緒反應，是初為人父母者必看之影片。

2. 我從哪裡來（錄影帶）

以卡通介紹父母性愛生活，精子卵子結合到孕育新生命的過程，雖主題嚴肅，但氣氛輕鬆自然，適合小學以上學生觀賞。

3. 愛的禮物（光啟社，錄影帶）

內容介紹媽媽懷孕，胎兒長大過程及出生，另附學習單等教學資源。

4. 童繪本

(1)《忙碌的寶寶》（三暉）。

(2)《忙碌的寶寶回家了》（三暉）。

(3)《媽媽沒告訴我》（格林）。

(4)《有什麼毛病》（格林）。

(5)《我出生的那一天》（格林）。

(6)《我從哪裡來》（遠流）。

(7)《我到底怎麼了》（遠流）。

(8)《為什麼要多一個寶寶》（遠流）。

(9)《你很快就會長高》（三之三）。

(10)《乳牙掉了該怎麼辦》（和融）。

(11) *How Was I Born*（英文版）。

(12) *Before You Were Born*（英文版）。

(13) *Where did I come from*？（英文版）。

(14) *When The New Baby Come Home*（英文版）。

三 殘蝕的理性

(一)VCD（財團法人天主教耶穌會輔仁大學神學院，26分鐘）。

(二)適合國中二年級以上學生、成人及銀髮族觀賞。

㈢內容簡介

本片是由 Berhard N. Nathanson 醫師製作。透過胚胎鏡（一種可置於子宮內的微攝影機），詳實錄播一個五個月大的小男孩在母體內的短暫生命，赤裸地呈現晚期墮胎的實況，並以其統計數字警告世人；此僅在美國一處，每天就有四百餘次殘忍恐怖墮胎發生。片中並訪問幾位因墮胎而受害婦女，她們身心所留下無可抹滅創傷，她們的證辭深深撼動人心。

㈣教學運用與回饋

1. 本片赤裸裸地呈現了墮胎的過程，非常血腥殘暴，但說服力強。研究者在播放給學生觀看之前，問及：「贊成墮胎的人請舉手？」幾乎有 80%的學生舉手，他們以為墮胎只是把一塊肉拿掉，但當學生看完影片後，幾乎沒有人敢再贊成墮胎，據某國中學校輔導主任告知，觀看本片對青少年感情衝動事件有冷卻作用。

2. 教師在讓學生觀看本片時，宜注意下列事項：

   ⑴教師宜先觀看，才知拿捏分寸。

   ⑵在觀看本片前及觀看後，均宜有適當的引言與討論。

   ⑶據研究者多次播放本片給學生觀看之經驗，當學生看到胎兒在子宮內被支解後，一塊一塊取出母體時，實在是慘不忍睹，學生看後心情久久不能平復，故研究者通常會在觀看後，另加播較溫馨影集，如新生命誕生或蓮娜瑪莉亞的故事，以平衡學生心境及安撫學生情緒。

   ⑷在觀賞此影片中，教師如發現學生或家庭主婦面有異色，宜於課後約談，以達安撫之效。

四 蓮娜瑪莉亞寫真

㈠ VCD（傳神出版社，50 分鐘）。

㈡適合幼稚園、國中小、大學、成人及銀髮族觀賞。

㈢內容簡介

蓮娜瑪莉亞，一九六八年出生於瑞典，生下來沒有雙臂，而且左腿只有右腿一半長，但影片中蓮娜瑪莉亞的腳會做很多事情，會彈琴、會打電腦、會打毛線、會用筷子吃飯、會煮飯、會畫圖及會游泳，片中還播放她與心中的白馬王子組成美滿家庭。

㈣教學運用與回饋

1. 這是一片老少咸宜，令人感動的影片，觀賞後沒有人不佩服蓮娜瑪莉亞的堅強勇敢，尤其蓮娜瑪莉亞曾兩度來台，讓人更有親切感。

2. 此片之觀賞，可融入於音樂課、美術課及體育課，甚至工職之機械科及汽車修護科學生都興致勃勃，激起想設計蓮娜瑪莉亞所駕駛經特殊打造的車子。

3. 觀賞過此片後，可舉台灣楊恩典（先天沒有手）、謝坤山（後天失去雙手）、蔡耀星（後天失去雙手）等人的例子，互為搭配，這些生命鬥士的故事，會助益學生在遇到挫折時，激發起高昂的生命鬥志。

4. 研究者配合此影片觀賞所設計之教學體驗活動，會讓學生以口含水彩筆及用腳趾夾水彩筆作畫，以體驗無手之艱困，唯學生以口含水彩筆畫畫時，宜提醒其他學生，千萬不要任意拍打別人身體，以免水彩筆插傷喉嚨。又大多數學生

之體驗，用口畫比用腳容易。並深深感覺到「有手真好」！

五　俊翰的故事

㈠ DVD（新竹高中輔導室製作，30 分鐘）。

㈡適合幼稚園以上學生、成人及銀髮族觀賞

㈢內容簡介

　　陳俊翰從小得肌肉萎縮症，醫生說他可能活不到小學畢業，但俊翰在新竹高中以第一名優異成績畢業，並推甄入台大會計系就讀，大學畢業考入法律研究所，影片中可看到他眉清目秀、頭腦清晰、談吐幽默及求學的歷程，又俊翰爸媽的無微不至的照顧！老師及同學的關愛，都令人熱淚盈眶。

㈣教學運用與回饋

　　俊翰的上進奮鬥，令人佩服，據國高中教師提及有些吊兒郎當的學生，在看了俊翰的故事後，感到難過及慚愧，而自然而然地調整及提昇自己的步調。

㈤可相互配合的教學資源

　1. Discoary 曾播過的「跛腳王」及「不要憐憫我」影集，報導腦麻痺兒童奮發向學的故事。

　2. 周大觀文教基金會出版「生命的樂章」VCD 及《愛在苦難之後》書籍（遠流），皆分敘著歷屆榮獲「全球熱愛生命獎」生命鬥士如楊玉欣、祈六新、呂文貴等故事，他們求生之意志及突破艱困的毅力，會讓我們更珍惜自己所擁有的。

六 小太陽——周大觀

㈠ VCD（周大觀基金會）。

㈡適合幼稚園以上學生、成人及銀髮族觀賞。

㈢內容簡介

　　本片簡介大觀勇敢接受病痛，坦然的面對死亡及全家人的手攜手、心連心，看過後，令人心痛中有溫馨，不忍中有感動！

㈣教學運用與回饋

　　1.台灣地區有不少癌症病童，大觀的故事是小病童最好的典範，周爸爸、周媽媽擦乾眼眶，走出悲傷，成立周大觀文教基金會，幫助更多病童及病患的家人走過艱困，從大觀去世後，令人感佩周大觀文教基金會舉辦各項活動，一路走來始終如一，要持續不輟、不疲不憊的服務人群，是要有相當的慈悲及智慧的。

　　2.此片之觀賞可與大觀詩集《我還有一隻腳》互為搭配，收相得益彰之效。

七 愛滋小鬥士——伊娃

㈠錄影帶（廣電基金，約 40 分鐘）。

㈡適合幼稚園以上學生、成人及銀髮族觀賞。

㈢內容簡介

　　此片是伊娃真人真事的故事，出生在澳洲的早產兒伊娃，共輸血十一次，在第十次的輸血中，不幸得愛滋病，澳洲的幼稚園在家長及教育會的壓力下拒絕伊娃入學，伊娃爸媽媽全家遷居紐西蘭，在紐西蘭伊娃受到熱烈的歡迎，並且到處演

講，現身說法，宣導愛滋病的防範，渡過了愉快有意義的十二歲人生。

㈣教學運用與回饋

1. 影片最讓人動容的是伊娃雖然年幼，但她活出了生命的意義，人在逆境中能感恩是理所當然的事，但人在挫折艱困中，不怨天尤人，還能感恩才是難能可貴的事。伊娃說：

　　「我不恨那位捐血人，因為他不知道自己有愛滋病。」（今日在檢驗上已可篩選出愛滋病捐血者而將之剔除，唯猶有空窗期。）

　　「我來這世間是有任務的，上帝要我來宣導防範愛滋病。」

　　生命意義治療大師弗蘭克說「人為意義生，人為意義死，在受苦時，能知道受苦的意義，則苦就不為苦」，伊娃年紀雖小，但她活出了生命的意義。

2. 在影片中伊娃和兩位愛滋病好友同病相憐，互相鼓勵，由小病人來鼓勵小病人是特別有力量的。

3. 伊娃有個小心願──想當空中小姐，有家航空公司特別為她訂製了兩套空中小姐制服，讓伊娃在飛機上服務，以滿宿願。台灣的喜願兒協會亦常幫助重病兒童滿足最後心願，如劉德華曾去台北榮總探望有口腔癌的小病人珠珠，又如招待癌症的小弟弟乘直升機在台北上空環繞三圈，以滿足小弟弟想乘飛機之心願，令人欣慰的是在世界上各個不同的國家、不同的種族，但對小朋友的關懷是一致的。

4. 影片最後提示大眾愛滋病的傳染管道是：(1)不當之性行為；(2)共用針頭；(3)由已感染愛滋之懷孕母親而得（垂直傳染）；(4)輸血。呼籲大家宜小心防範。

八　西藏度亡經

㈠錄影帶分上下集（張老師文化公司，135 分鐘，另有 VCD，名稱為「生死之謎」，內容相同）。

㈡適合國中以上學生、成人及銀髮族觀賞。

㈢內容簡介

1. 西藏度亡經是在西元八世紀，由蓮花生大士所寫，在二十世紀由英國人類學家溫滋在印度大吉嶺找到並翻譯成英文，由心理學家榮格為之寫序，並由日本 NHK 拍成影片。

2. 上集演一位西藏老喇嘛教導病患家屬，面對臨終病人應有的態度，並引導亡者的心靈從此生之「自然中陰」，經歷臨終的「痛苦中陰」，法性的「光明中陰」，到受生的「業力中陰」，非常有系統以精緻的畫面呈現瀕死、死後及中陰身四十九天生死之旅的奧秘世界。

3. 下集分別介紹：(1)在美國舊金山設立之「生死機構」及對臨終病人的關懷；(2)介紹老修人丹津的故事；(3)介紹對亡者中陰救度的歷程；及(4)介紹活佛轉世的個案。每單元的內容均生動精彩，有感性的真人真事，亦有理性的哲學對話，例如對愛滋病者的關懷，如達賴喇嘛對現代文明與生死議題的見解，是部令人震撼的影片。

㈣ 教學運用與回饋

1. 佛教淨土宗與密宗在臨終關懷方面，皆有一套較完整的系

統與方法，引導瀕死者安祥往生，瀕死者臨終一刻，是引領往生極樂世界最重要的關鍵時刻，另在死後四十九天中，每日依度亡經之內容及儀軌超薦，難得的是本片劇本的內涵及聲光化電影拍攝的技巧，皆能把握西藏度亡經的精髓，再加上西方人類學家溫茲與心理學家榮格之大力推薦，通常佛教徒在觀賞後，大多能提攜信心與引領修持，即使是一般無宗教信仰的人士，在觀賞後，亦能對佛教之生死觀有輪廓性的認知。

2. 據研究者教學經驗，許多觀賞者對片中美國「生死機構」的義工，為愛滋臨終病人念誦西藏度亡經文，令人有非常慈悲平和與平安的感受，而智慧之開示語能引領瀕死者心靈超越，此為臨終關懷之最佳教學範例。

九 水車村

(一) DVD（黑澤明導演之電影「夢」八個單元之一，約 15 分鐘）。

(二)適合小學以上學生、成人與銀髮族觀賞。

(三)內容簡介

水車村寧靜安樂，村民質樸善良、崇尚自然，片中一百零三歲老人侃侃談出他的生活哲學及生命理念，老人說：

> 人生在世，要盡本分好好活著，然後問心無愧安心死去。

另九十九歲老婆婆的出殯行列，充滿鄉土野味及帶著全村人

的關愛，有許多學生觀賞後心嚮往之，很希望能住在這村子裡，也希望自己死後有這般的喪禮。

㈣教學運用與回饋

1. 黑澤明大師級的導演，功力果然不同凡響，整部影片令人賞心悅目，而黑澤明想要傳遞的「理念」也很自然的跳脫出來，看後總是令人回味久久，心中暖暖的。水車村也拍出我們嚮往已久陶淵明之「桃花源」，寓教於樂，警世之語亦能令人於無字句處讀書，收自然薰習，潛移默化之效。水車村是部好教材，可運用於和學生談人生意義，談生命理念，亦可運用在銀髮族對談生死之中。

2. 看完水車村，學生都會問到：

世界上，還有這麼美好的地方嗎？

研究者曾查詢資料，在大陸偏遠地區之純樸山村或歐洲有些小村落都還保有這份美好，或在美國有些清教徒依然過著回歸自然的生活，用馬耕田，用煤油燈，穿棉質衣服，用木柴烤麵包……等。總而言之，只要我們心靈淨化、美化，則我們周圍的環境就會改變，因心淨則土淨。

3. 在「夢」的 DVD 中，幾乎每個單元都各具特色：
   ‧墜道：演出戰死之軍人魂，還在漂泊中，有家歸不得，又未得到超薦，連軍犬魂亦在四處漂蕩，看後令人心酸。
   ‧暴風雪：片中登山者堅強的求生意志，突破了死神的召喚，生死確是在一線間。

‧桃園：演出小男孩為保護整片桃花林而做的努力，雖然沒有成功但桃花仙子仍然以滿園桃花，落英繽紛回報，寓環保於賞心悅目中。

‧烏鴉：演出荷蘭畫家梵谷的故事，拍攝手法非常創意，研究者常以本單元用於創造力教學中。

‧鬼哭：拍出當鬼魂之苦。

‧紅色富士山：主題為核害，場景亦令人驚心動魄，提醒人應知因知果，要建立系統思考模式。

十　天外有天──死亡的追憶

㈠錄影帶（廣電基金，50分鐘）。

㈡適合高中以上學生、成人與銀髮族觀賞。

㈢內容簡介

　　影片由六位曾有瀕死經驗人士，述說他們的死亡經歷，其中包括《死亡九分鐘》一書的作者李齊醫生。

㈣教學運用與回饋

　　1. 瀕死者的經歷是：

　　‧脫：靈魂脫體。

　　‧墜：大多數的瀕死者都記得靈魂脫體後會經過一條長長的墜道，而且速度飛快。

　　‧光：幾乎瀕死者都會看到光，那麼的柔和、溫馨、被愛包融著，感覺中這是生命極處，真願永遠留在此光中。

　　‧憶：往事歷歷如繪，如電影般快速回顧過生命中的點點滴滴，縱然是點大的善事或不為人知的小惡行，但

都沒遺漏，一一播出，或令人欣慰或令人慚愧。

・會：看到了親人，生命中不可能再見到的親人，居然再逢，一圓相思孺慕之情。

・還：當瀕死者一轉念想到家中的親人時，靈魂已重回身體。

2. 由觀賞此影片中，學生的認知是身體和靈魂是會分離的，即人在死後，身體或土葬或火葬，但靈魂隨著自己生前的願力或業力到他該去的地方，死後還是有世界的。這項認知的建立通常可收防範自殺之功效，許多自殺者常持斷滅論，認為人死了則一了百了！什麼都沒有了！如果自殺者知道現在沒有辦法解決的問題，就算死後還是帶著，還是得面對與解決，那又何必自殺呢！

3. 由影片及「來生」等書中可知，有些瀕死者再回人間、心智及個性均有很大調整，會變得更友善，更柔軟，更關愛別人。

十一　小宇宙

㈠DVD 及 VCD（勇士物流，90 分鐘）。

㈡適合幼稚園以上學生、成人與銀髮族觀賞。

㈢內容簡介

小宇宙介紹草原昆蟲的世界，從清晨到夜間，從晴天到雨天，介紹了各種不同昆蟲的生態活動。本片為法語片，有中文字幕，據資料得知本片從規畫、研究、準備、拍攝到完成，長達二十年，曾得到多項世界記錄片大獎。

㈣教學運用與回饋

1. 本片可暢快的看到昆蟲世界生之姿態，生物鏈、昆蟲家族的互愛與關懷，悅目的取景，巧妙幽默的配音，令人不得不佩服大自然造物之妙及奧祕，油然生起珍愛自然、關心生態之心，本片可融入於生命教育、生物學或環保課程中，都屬最好的教材。

2. 當同學在影片中看到兩隻蝸牛之相親相愛，再配上漫妙動心之音樂，看得人如醉如癡，那麼微不足道的小動物也有牠的感情世界，有些學生往後在路上看到背著殼的小蝸牛，會輕輕的將這小朋友移到路邊，以避免被路人踩死。

3. 研究者常在教學中向學生提及「讀書不要像蜘蛛一樣，織一張網，以逸待勞，不夠積極主動。也不要像螞蟻一樣，有東西就往洞裡搬，就如同你們有任何資料都影印起來或存在電腦中，有沒有閱讀或運用卻是另外一回事。讀書要像蜜蜂一樣，到處採集花粉，再經過體內酵素的催化而釀成甜美的蜂蜜，奉獻大眾。我們讀書也一樣，要將蒐集的資料吸收消化，且內化為屬於自己的內涵與素養，並且運用出來，裨益人群」。在教學中，研究者播放小宇宙影片，學生真正看到了蜘蛛的以逸待勞，真正看到了螞蟻的忙忙碌碌，也看到了蜜蜂將花粉化為神奇，古人有一首形容蜜蜂的詩，相當貼切——「不論平地與山尖，無限風光盡被占，採得百花成蜜後，為誰辛苦為誰甜」。

4. 在生命教育中，教學目標之一是要提昇學生承擔挫折的能力及導引學生用智慧解決問題，在影片中看到小小的糞土蟲鍥而不捨的推動「卵糞的小土粒」，在上小土坡時，滾下來了一次、兩次，但在第三次的嘗試終於成功了！在小

土粒插入樹枝時，糞土蟲也是一次一次努力突破，東邊行不通則繞到西邊，還運用力學、人體工學等，終於推動了小土粒，因為小土粒中有他的生命傳承，有一位畢業生在寄給研究者的感謝卡中提到：

　　老師！謝謝您播放小宇宙的影片給我們看，這一年來我碰到了不少挫折，但是想到了小糞土蟲的奮發精神及智慧，不覺莞爾一笑，精神為之一振。

另一位學生也提到：

　　老師，以前揉死一隻螞蟻會毫不在乎！但在小宇宙中看到了螞蟻的團隊精神及對家族的關愛，我揉不下去了，還曾在水中救過一隻小螞蟻。
　　老師！每當下雨時，我就想起，雖是一個小小的水粒，但對小昆蟲而言竟然有這麼大的激撞力！
　　老師！看到那兩隻鐵甲蟲「先禮後兵」，鬥得難分難捨，你死我活時，想想人生，真的有什麼好鬥的！

5. 小宇宙影片中的旁白不多，但配樂美妙幽默且能捉住情景，精美的畫面令人動心，大自然與人靜靜地自然交流，一切已在不言中。

十二　其他視聽媒體

目前台灣地區有許多視聽媒體皆可巧妙運用於生死教育教學中：

㈠圓之旅（幻燈片）

光啟社製作，圓之旅第一輯、第二輯皆有精彩的畫面及有趣的旁白，發人深省，通常在書上或網路看到的圓之旅（或命名為獨自的一塊）是黑白且沒有配音，故不如觀看此幻燈片來得印象深刻有及趣味，可幫助學生認識自己。

㈡ Green Green Grass of Home（青青故園草，CD）

此為越戰期間美國非常受觀迎之抗議歌曲，歌曲中描述到戰爭之殘酷，請參閱研究者「青青故園草民歌在生死教育教學中之運用」文章。

㈢鐵達尼號（錄影帶）

鐵達尼號中有人間至情至性的愛，在災難中人們珍貴的互動令人感動，請參閱研究者「從觀賞鐵達尼號影片談生命教育」之文章。

㈣六呎風雲（電視影集）

這是在台灣相當受歡迎的電視影集，內容主要以殯葬業之經營為主，無論在美國殯葬文化方面、對遺體的處理及尊重、兩性關係、同性戀、親子關係、殯葬業之經營、廣告與同業爭等皆有風趣之演出。

㈤老師！上課了（電視影集）

這是法語片電視影集，曾在台灣地區播放過，往往很嚴肅的課題，老師透過溫馨及理性的處理，讓問題迎刃而解，腳本編寫亦相當用心，往往運用教育心理學原則處理許多學生問

題，如性騷擾問題（壞孩子單元）、悲傷輔導問題（天明破曉時分）、生命教育單元、青少年飆車問題單元，在班級經營課程、生命教育等課程皆可運用於教學中。

㈥情深到來生（錄影帶）

一對新婚夫婦，當太太知道懷孕時，男主人卻發現自己罹患癌症，而且等不及小寶寶出世，但這位男主人居然很冷靜的為孩子錄下一連串錄影帶，為孩子講故事的錄影帶，為孩子介紹祖父母的錄影帶，告訴孩子如何應徵工作的錄影帶……，男主人因忙於為孩子留下珍貴紀念品，忘記了自己的病痛，居然等到了孩子出世，看到孩子後含笑的離開人間，雖然他已去世，但孩子到了兩歲多，還可看父親為他講故事的錄影帶。在台灣有位罹患癌症的爸爸，看了此片大受感動，與其悲痛過日子，不如打起精神為孩子留下終身受用的紀念品。

㈦羅倫佐的油（錄影帶）

羅倫佐罕見的疾病，全靠毫不放棄的雙親，投入醫藥的研究及醫生的專業治療，而以油菜子油將病情控制住了。此乃真人真事的故事，當看到影片中羅倫佐病情發作，痛不欲生的哀嚎，真的不忍心讓羅倫佐吃這麼多苦，讓人連想到安樂死，但幸虧沒有放棄，不但羅倫佐病情控制，最重要的是命名為「羅倫佐」的油治癒了無數同樣病症的孩子，如果當時採安樂死的話，則會有更多的孩子死於此罕見的病症。研究者在上「研究方法」的課程中，亦特別為學生播放此影片，讓學生去體會求真、求實的研究精神，讓學生去了解研究工作的貢獻，也讓學生看到羅倫佐的雙親運用各種不同的研究方法，去了解病情真相及找出解決方法。

(八)再生之旅（錄影帶）

　　一位有名的外科醫生，在自己罹患喉癌，經歷一連串的檢驗、治療、憂心、焦慮……直到病情控制住後，才體會出什麼是同理心，而變得富有柔軟心。

(九)返家十萬里（錄影帶、DVD）

　　一位在車禍中喪失母親的小女孩，藉著撿回一窩野雁，孵化成小野群雁，在父親陪伴下，引領這群小野群雁從加拿大飛到佛羅里達過冬天，本片適合在悲傷輔導、環保及親子相處等課程中融入教學，令人動容的是第二年春天，這十六隻野雁全飛回了小女孩的後院，這是根據真實故事拍攝而成的電影。

(十)來自天堂的孩子（VCD）

　　伊朗片，兩位小兄妹輪流穿一雙鞋子及小哥哥奮力賽跑，只想力奪季軍動人的故事。小兄妹家中雖窮，但家中的溫馨，父親不貪身外物之清廉，同學之友愛、陌生人之關心（幫忙撈水中的鞋子）等，都會讓我們想到三、四十年前台灣純樸的農村社會。

(十一)美麗天堂（VCD）

　　巴勒斯坦回教徒與以色列猶太教徒的世代仇恨，但一位異想天開的記者竟然把不同信仰的七位孩子相約見面聊天，孩子們的純樸天真似乎覺得敵人並不是那麼可怕！影片中許多對話皆發人深省。

(十二)美夢成真（錄影帶）

　　影片中演出自殺者之去處，雖是電影，亦令人生警惕之心。

參) 教學建議

一 視聽媒體可分類運用

以上所介紹之視聽媒體，可自行分類運用於生死教育不同單元中，茲簡單歸納如下，唯法無定法，如何歸納法乃見仁見智，每位教學者皆可依自己的需要自行分類運用：

㈠生之喜悅：新生命誕生。

㈡老、死：水車村、西藏度亡經、夢（墜道篇）、天外有天——死亡的追憶、美夢成真、小太陽——周大觀、情深到來生、羅倫佐的油。

㈢病：愛滋小鬥士、再生之旅。

㈣生命的鬥士：俊翰的故事、蓮娜瑪莉亞寫真。

㈤悲傷輔導：返家十萬里。

㈥生命教育：人生四季之歌、小宇宙、來自天堂的孩子、美麗天堂、鐵達尼號、老師！上課了。

㈦殯葬：六呎風雲。

二 善用視聽媒體發揮教學功效

播放視聽媒體，不只是讓學生觀賞影片，最重要應發揮輔助教學功效，故在播放前，教師宜有適當引領言語，播放後務必預留時間討論及回饋，以發揮視聽媒體輔助教學之功效，唯亦不可失之枯燥及不宜給學生太多壓力。

三　教師陪伴觀賞

採用視聽媒體教學時，教師須在教室陪伴學生觀賞以了解學生在觀賞中之反應，必要時須給與適當的安撫，如觀看「殘蝕的理性」等。

四　視聽媒體乃輔助教學，不宜本末倒置

在生死教學中可適當引用視聽媒體配合教學，唯不宜喧賓奪主，讓視聽媒體觀賞占據太多上課時間。

五　智慧財產權的尊重

教師運用視聽媒體應採用公播版，雖然公播版價格較昂貴，但尊重智慧財產權，亦是生死教育中重要的一課，而且以身作則亦是生命教育中最好的教學活動。

六　教學時間的運用

㈠採用視聽媒體教學宜注意媒體播放所需的時間，通常一節課中以不超過二十至三十分鐘為宜，務必留下時間回饋分享，方達媒體教學之效，有時因時間所限，未能讓每位學生暢所欲言，亦可留十分鐘，讓學生敘寫心得。

㈡通常播放時間較長之視聽媒體，研究者僅選擇其中部分播放，如「新生命誕生」影片，片長五十分鐘，教師可選胎兒出生單元播放，約十分鐘時間，另外有關證明胎兒有記憶力的單元可於另一節課播放。

㈢如來「自天堂的孩子」等影片，不宜分隔時間播放，教師可

讓學生自行找自修課時間觀賞，再於下次上課中討論。

七 體驗教學活動的配合

有時教學與視聽媒體播放及設計教學活動，可互相搭配，例如看蓮娜瑪莉亞影片，可讓學生以口或腳作畫，以親身體驗沒有手之困擾。如看完「人生四季之歌」後，希望學生做一項為老人服務的工作，如配合新生命誕生的誕生的觀賞，讓學生護蛋（幼稚園），或在腹部放汽球（小學低年級）或在胸前背背包（小學中年級以上之學生皆可）等……，以稍稍體驗一下媽媽懷孕的辛苦等。

八 運用童繪本配合教學

如「返家十萬里」中小女孩喪親（媽媽）之悲傷輔導亦可運用童繪本輔助教學，可收事半功倍之效，有關悲傷輔導的童繪本相當多，茲簡介如下：

- 《回憶的項鍊》（三之三）——想念媽媽、外曾祖母、姨婆。
- 《想念》（信誼）——想念媽媽。
- 《收藏六空的記憶》（星月）——失去母親。
- 《想念外公》（遠流）——思念外公。
- 《爺爺的牆》（和莫）——想念未見過面的爺爺。
- 《爺爺有沒有穿西裝》（格林）——想念爺爺。
- 《地球的禱告》（道聲）——想念爺爺。
- *Where is grandpa*（英文版）——想念爺爺。
- *Tear Soup*（英文版）——想念兒子。
- *I'll See You in My Dreams*（英文版）——想念 uncle。
- 《最好的朋友》（遠流）——想念丈夫。

• 《夏日溫柔的故事》──想念同學。

又如觀看蓮娜瑪莉亞影片，可配合閱讀謝坤山的《我是謝坤山》（謝坤山工作室）、楊恩典的《擁抱，生命中的每一分鐘》（百巨文化）。

九　教學參觀之配合

在生死教育教學中如時間允許可做校外參觀，如參觀世界宗教博物館（永和）、安寧病房（唯以不打擾病人為主）、殯儀館或墓園等（以高中以上學生為宜，最好能先徵求家長同意）。

肆）結語

台灣地區學校生死教學之推動，雖然起步較歐美國家晚，但發展快速，平均每個月皆有二至三本有關生死教育的書籍或童繪本出版，幾乎許多國外的好書或童繪本，台灣也很快就有翻譯本，在影片方面有 VCD、DVD 及錄影帶等，為數不少，雖然這些影片並不是專為生死教育拍攝，但影片乃社會真相縮影，只要教師悉心選擇，定可找到許多適合教學之視聽媒體，台灣的生死教育教學，已從旭日東升漸往日正當中努力中！

）參考書目

紀潔芳（2003）。防治性侵害在生命教育教學中之運用。載於國立
　　彰化師範大學，生命意義探索研討會論文集。
紀潔芳（2002）。童繪本在生死教育教學中之運用。載於南華大學，

生命教育

第二屆現代生死學理論建構學術研討會論文集。

紀潔芳（2002）。青青故園民歌在生死教育教學中之運用。載於國
　　立彰化師範大學，防治青少年自殺研討會論文集。

紀潔芳（2002）。從觀賞鐵達尼號影片談生命教育。載於國立彰化
　　師範大學，台灣地區高中職生死教育教學研討會論文集。

附　錄

春去春又來（DVD、韓片）之春天單元（20分鐘）：

◆適合運用於生命教育教學中，可達提昇學生承擔挫折能力、創意教學、
溝通藝術與關愛大自然之教學目標，可參閱研究者文章〈春去春又來影
片於生命教育教學中之運用〉（生命教育學習網）。

Doggy Poo（哆基朴的天空，DVD、韓片）：

◆本片以動畫方式闡揚生命意義，旁白生動幽默，發人深省，適合幼兒、
中小學、大學生及社會人士觀賞。

黑暗中的追夢（惠明學校發行，DVD）：

◆本片有三則視障朋友努力奮發的故事，觀賞後令人感動落淚，帶給許多
學生奮發向上之激勵。

第九章

童繪本在生死教育教學中之運用

紀潔芳

壹) 童繪本的特色

　　在生死學的教學中，無論是對中小學的學生、大學生、成人，甚或是銀髮族的生死教育，童繪本都是相當相當好的輔助教材。通常一般人常認為童繪本是有文、有圖，適合給兒童閱讀的書，但應不只如此，在實質上童繪本具有下列特色：

一、每本童繪本都有明確的主題，但文字的敘說非常簡潔、親切、幽默風趣，往往能貼近讀者的內心深處。

二、童繪本有別於一般書籍的插畫，一般書籍以數幀圖片配合閱讀，但童繪本是圖文並茂，甚至是文字簡要而圖像豐富，是文學與美術的結合。兒童或許認字不多，但往往可從前後連貫的圖像一窺故事大要。童繪本翻譯家林真美曾提及「家長如果要為小孩選本好書，不要先讀文字，應先讀圖，如果在賞心悅目之餘，能夠在圖像的表達中讀出故事的端倪，則這是一本值得考慮的繪本」（林真美，1999）。

三、有些童繪本，文、圖作者為同一人，如台灣地區相當受歡迎的兩本童繪本：《精采過一生》撰文及繪圖皆為芭貝‧柯爾；《獵

的禮物》撰文及繪圖皆為蘇珊‧巴蕾。唯大多數童繪本撰文及繪圖分別由不同作者完成，但幾乎所有童繪本的繪圖者都能用圖像將書中的「文字」表達的十分傳神，令人觀賞再三、印象深刻且回味無窮。

四、通常我們都以為童繪本是給小讀者看的，唯在台灣地區已出版可用在生死教育中之童繪本，對國高中學生、大學生、成年人，甚至銀髮族等讀起來都趣味橫生、津津樂道。尤其是故事中的情節，愈是有豐富生活體驗的讀者，愈能觸動心懷。林真美說：「一個人一生看童繪本至少有三個時期；即小時候，當父母親時陪孩子閱讀及中老年的自娛。」（林真美，1999）。的確，在人生不同時期閱讀同一本童繪本都會有不同的體驗與感動。童繪本的閱讀，不只是對小讀者能產生投射移情的作用，常常對大讀者也會在不知覺中產生潛移默化的力量，如閱讀《很新很新的我》（遠流），會讓父母體悟到孩子長大了，如果自己的成長趕不上孩子的蛻變，十歲的孩子我們仍用八歲孩子的方式對待，是會有問題的，也是孩子的損失。

五、童繪本在教學中常常是最佳的輔助教材之一，在學生閱讀童繪本中常常能很自然溝通了許多難以表達的觀念，如對死亡的認知、對性侵害的防範等。如《家族相簿》（和英），繪本中之文字與圖像均能很自然表達性騷擾、性侵害的問題，以收警惕之效。

六、或許有人會問童繪本閱讀後要不要和學生或孩子討論？林真美認為「……當故事的餘音猶在繚繞，孩子還在其間流連時，如果大人就這樣硬是把孩子拉回現實，進行對話……」。「……除非孩子主動找大人談論，或是靜待孩子自然發抒，如果要與

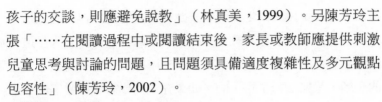

孩子的交談，則應避免說教」（林真美，1999）。另陳芳玲主
張「……在閱讀過程中或閱讀結束後，家長或教師應提供刺激
兒童思考與討論的問題，且問題須具備適度複雜性及多元觀點
包容性」（陳芳玲，2002）。

綜觀不同之看法，或許宜採折衷方法：

1. 即學生閱讀童繪本後，可讓其靜靜涵詠其味，再找一適當時
   機相互述說心得或討論。
2. 對不同年齡層的學生，宜有不同討論的方式，或寫心得或教
   師可設計學習單，引發學生多元化的運用或更深層的思考，
   或引領其將所學與日常生活結合。

貳　生死學課程中之出生入死

　　通常一般人都會對「死亡」提出三個問題，即「我什麼時候會
死？」、「會怎麼死？」、「我死後到哪裡去？」對於前面兩個問
題，實在找不到答案，但第三個問題「我死後到哪裡去？」雖不容
易回答，但不可避而不答。在台灣地區多位教生死學的學者包括研
究者本人均主張在生死學課程中宜將各宗教或哲學對死後世界的看
法一一介紹，讓青年學子能從不同角度去認識死後世界，這是非常
重要的。通常有些學生，甚至是成年人都認為死了即是一了百了，
死了則所有的壓力與困境都解除了，人死了以後，果真是一了百了
嗎？壓力困境真的都解除了嗎？值得深思探討。或有人認為「人死
了以後還是會投胎為人」，這或許是受到連續劇台詞的影響，「大
刀砍下去，只不過是碗大的疤，十八年後又是一條好漢」，或許這
時有位老法師在旁提醒到「……說不定只是一條好豬！你殺人放火，

搶劫,無惡不做,到地獄都來不及,怎麼可能會再投胎人道!」。據研究者探究大多數宗教都主張生命是週期的,而且人生這一階段所不能解決的問題與困擾會帶到下一階段。尤其是自殺,乃是痛苦的延續,是無法一了百了的。如果在生死學教學中曾經與學生討論過死後世界的問題時,則學生一旦遭逢生命困境,其曾經對死後世界的多元化認知會幫助青少年作較周延的考量。唯有關死後世界的認知,對大學、高初中及國小學生應有不同深淺層次的介紹,在此,童繪本中之談生說死亦是可考慮的輔助教材。

參　童繪本中之談生說死

　　有關童繪本最初之編繪或許只是想述說一個理念,不一定是當教材用,但其恰切之談生論死及傳神之圖像,我們可自然運用於教學中。台灣地區可用在生死學教學之童繪本相當多,本報告主要探討童繪本中有談及死亡的情境、死後去處及人生前因後果之關聯,選取下列書籍包括:《獾的禮物》、《精采過一生》、《一片葉子落下來》、《爺爺有沒有穿西裝》、*Where is Grandpa*、*Beyound the Ridge*、*On the Wings of a Butterfly: A Story about Life and Death*、*Sammy's Mommy Has Cancer* 及《小氣財神》等書,分敘如下:

一　獾的禮物（遠流）

文·圖:蘇珊·巴蕾
譯　者:林真美

㈠書中大意

　　獾死了,但一群好朋友土撥鼠、青蛙、狐狸、兔子等都懷念獾

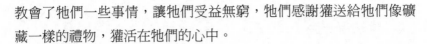

教會了牠們一些事情，讓牠們受益無窮，牠們感謝獾送給牠們像礦藏一樣的禮物，獾活在牠們的心中。

(二)佳句賞析

＊獾的年紀好老、好老，老到什麼事情都知道，而且也老到知道自己就要死了。

＊獾並不怕死。因為，牠曉得，「死亡」只是讓牠離開牠的身體……。

＊獾常常告訴牠們，在不久的將來，牠會走向長隧道的另外一頭，牠希望到時候大家不要為牠難過。

＊……牠把搖椅搬到爐火前，牠靜靜的搖、靜靜的搖，最後，便沉沉的睡著了。沒想到，牠做了一個牠從來沒有做過的美夢。

＊獾夢見，牠竟然在跑。而在牠面前的是一個沒有盡頭的長隧道。牠的腳力十足，根本不需要拐杖，牠把拐杖丟到地上，向前跑了起來，牠愈跑愈快，最後牠覺得自己的腳騰空了，牠的身體在空中旋轉，滾來滾去，撞來撞去，卻絲毫沒有受到損傷，獾覺得牠變自由了，牠不再需要牠的身體了。

1. 本書的文字非常清新簡潔，但透出的意思卻非常豐富、並且很自然地帶出了老與死。並介紹了自然死。

2. 書中自然帶出死後是捨去了一個或病或舊的身體變自由了，行動自如，這是很不容易介紹的，但書中很自然的介紹了死後情境，學生讀後會對「死亡」及「死後情境」有點概念，但心中是暖暖的。如果是自殺死，則去處較麻煩。

3. 獾的遺愛人間，送給朋友「帶得走的能力」，也自然散發給學生「服務助人」的理念。

二 精采過一生（三之三）

文‧圖：芭貝‧柯爾

譯　者：黃迺毓

㈠書中大意

　　這本書介紹人的生、老、死及死後世界。故事從小孫子問老人家：「爺爺奶奶，為什麼你們的頭禿禿、皮膚皺巴巴的呢？」開始，然後談到爺爺的成長，小學、大學、工作、戀愛、結婚、生子、生孫、退休到去世及死後的去處（雖然在運用童繪本時，應忠於原著，但研究者還是喜歡在教學中插入一段：即爺爺拿出小孫子出生的照片……，小孫子很驚訝「爺爺！原來我們出生的時候也是頭禿禿、皮膚皺巴巴的」）。

㈡佳句賞析

　　＊我們慢慢的老了，皮膚也愈來愈皺。

　　　我們裝了假牙！爺爺的頭禿。記性愈來愈差！身體也開始縮小……

　　　不過，我們仍然喜歡做一些刺激的事。

　　　……有一天，我們也會和其他人一樣死翹翹。

　　＊死了以後，我們可能會變成其他的東西；章魚、麋鹿、小寶寶、小蟲、綿羊、醃洋蔥、外星人、鬼魂，或者是兩隻瘦巴巴的雞。

1. 本書美籍作者所撰的死後世界與佛教所談六道輪迴頗相似，亦可協助孩子知道生命是一階段一階段的。

2. 在書中從頭到尾透過圖像，非常非常自然地含藏著人從嬰兒到老年幾乎都在危機中穿過，值得我們省思及關照。

3. 彰化師大修生死學應用課程的學生在讀過《精采過一生》這本書的心得報告中最欣賞、最動心的是這本書後面譯者黃迺毓的導讀，確有畫龍點睛之妙，導讀中提及「……許多人都害怕變老，害怕必須面對孤單、寂寞、衰退、病痛，甚至死亡。……幸虧在身體老化的同時，智力和心靈卻可能日漸成熟。如果人們將人生每一個階段都當作學習良機，日子就會過得很精采，就像故事中的爺爺奶奶，雖然老得皺巴巴，卻一點兒也不怕死……，書中的爺爺奶奶，他們享受每一階段的人生樂趣，即使他們已經老邁，卻依舊調皮、耍寶，他們的一生是實實在在的活過了，如今可以坦然面對死亡」（黃迺毓，1999）。

4. 《精采過一生》也非常受到小學生的喜愛，有的小朋友甚至讀了再讀，有七、八次之多。在頂番國小三、四年級的學生讀完此書後，也畫了自己的一生，看到他們對未來的規畫與期盼、純真活潑有理念，令人莞爾。另外在學習單上也曾設計過要學生寫下十年及二十年後的自己，此對其生涯規畫有所幫助，而學生想像力之豐富及創造力是令人驚訝的。

三　一片葉子落下來（經典傳訊）

內　文：李奧・巴斯卡力

插　畫：丁千珊

譯　者：張秀琪、白森

另有一群攝影家拍攝賞心悅目的照片

㈠書中大意

這是講一片名字叫弗雷迪楓葉一生的故事，從嫩葉到成長茁壯、

生命 教育

變紅色、變黃色到經霜枯乾而落下來，中間穿插著許多葉子的對話，敘說人生的對話、富生命感亦耐人尋味。在弗雷迪的一生中十分自然地透露出「造福大眾」的理念，直到落葉化作春泥還念念回饋自己生長的大樹。

㈡佳句賞析

*丹尼爾告訴他（弗雷迪），給人遮蔭是葉子的目的之一。

「什麼叫目的？」弗雷迪問。「就是存在的理由嘛！」丹尼爾回答。

「讓別人感到舒服，這是個存在的理由。為老人遮蔭，讓他們不必躲在炎熱的屋子裡也是個存在的理由。讓小孩子有塊涼爽的地方可以玩耍，用我們的葉子為樹下野餐的人搧風，這些，都是存在的目的啊！」

*「我們一個一個都不一樣啊！我們的經歷不一樣啊，面對太陽的方向不一樣，投下的影子也會不一樣。」丹尼爾用他那「本來就是這樣子」的一貫口吻回答。

*「時候到了，葉子該搬家了，有些人把這叫做死。」

「我們都會死嗎？」弗雷迪問。

「是的」丹尼爾說。「任何東西都會死，不論是大是小、是強是弱，我們先做完該做的事，我們體驗太陽和月亮，經歷風和雨。我們學會跳舞、學會歡笑。然後我們就要死了。」

「你會死嗎？丹尼爾？」

「嗯」丹尼爾回答「時候到了，我就死了。」

「那是什麼時候？」弗雷迪問。

「沒有人知道會在哪一天。」丹尼爾回答。「總有一天，樹也會死的，不過，還有比樹更強的，那就是生命。生命永遠

都在，我們都是生命的一部分。」

＊「如果我們反正要掉落、死亡，那為什麼還要來這裡呢？」

「是為了太陽和月亮，是為了大家一起的快樂的時光，是為了樹蔭和老人和小孩子，是為了秋天的色彩，是為了四季，這些還不夠嗎？」

＊凌晨，一陣風把弗雷迪帶離開他的樹枝。一點也不痛，他感覺到自己靜靜地、溫和地、柔軟地飄下。往下掉的時候，他第一次看到整棵樹，多麼強壯、多麼牢靠的樹啊！他也知道自己曾經是它生命的一部分，感到很驕傲。

＊他閉上眼睛，睡著了……。他不知道，自己看來乾枯無用的身體，會和雪水一起，讓樹更強壯，尤其，他不知道，在大樹和土地裡沉睡的，是明年春天新葉的生機。

1. 本書侃談人生目的一即生命意義，也很自然介紹出生命的傳承。

2. 研究者每次引領學生朗讀本書後，大家卻不自覺會唱起「西風的話」，「……花少不愁沒有顏色，我把樹葉都染紅」多麼開闊逍遙！

3. 在小學也可以讓小朋友到校園撿五片至十片樹葉，然後將葉子從年輕嫩葉排列到年老枯葉，讓學生細細去體會生命的歷程。

四　爺爺有沒有穿西裝（格林）

內　文：艾蜜麗・弗利德

插　畫：傑基・格萊希

譯　者：張莉莉

㈠書中大意

　　本書從事相上是描述小布魯諾的爺爺從去世、出殯到常到墓園打掃整理的經過。但從情境上是描敘小布魯諾對爺爺去世的不相信、拒絕、憤怒到坦然接受及深刻的思念，並一再探究爺爺死了去哪？書中有許多精彩的對話。在結尾時米琪阿姨生下小寶寶，傳遞著循環、輪迴與傳承的理念，發人深省。

㈡佳句賞析

　　*小布魯諾沒有辦法去了解「人死了，是什麼意思？」

　　「就像睡覺，只是永遠不會醒來」沙飛曾經這麼說。

　　*「爺爺現在在哪兒？」幾天後小布魯諾問。

　　「在墓地。」沙飛說。

　　「在天堂。」爸爸說。

　　*「到底在哪兒？」小布魯諾問，同時看著他們！

　　「兩個答案都對」媽媽說。

　　他問媽媽：「爺爺一個人怎麼可能同時在墓地又在天堂？」

　　媽媽說：「爺爺的身體在墓地。但是他的靈魂已經上天堂，他在上帝那兒。」

　　「什麼是靈魂呢？」小布魯諾問「靈魂是不是另一個爺爺？」

　　媽媽考慮了一下「可以這麼說吧！」小布魯諾想不通大人說的「靈魂」和「上帝」是什麼意思？

　　「天上的靈魂是活的嗎？」他問爸爸。「我想是的」

　　「那麼爺爺真的沒死嘍？」

　　「爺爺死了，但是他繼續活在我們的記憶中。」小布魯諾點點頭，他也是這麼覺得，只要他認真的想爺爺的樣子，爺爺就好像隨時會出現似的。

＊小布魯諾拉了拉爸爸的手臂，「我什麼時候會死？」

「這個，我不知道，沒有人知道自己或別人什麼時候會死。」

爸爸轉過身，看著小布魯諾的眼睛。

「可是我想知道。」

「如果我們知道的話，反而不好，你曉得印地安人有句話是怎麼說的？」

「讓每一天都活得多采多姿，好像它是你人生的最後一天。」

「有些人認為，靈魂會投胎再轉世，也就是再回來當人。」

「爸爸，你相信嗎？」小布魯諾問。

＊有一天，爸爸說：「一年前的今天，爺爺去世了……」小布魯諾發覺，胸口的刺痛漸漸消失，也不再生爺爺的氣，只是還有一些些哀傷。小布魯諾想，如果爺爺現在過得很幸福，那麼他也要過得幸福一點。

＊「米琪阿姨生了。」

「也許爺爺又回到我們身邊」媽媽看到小嬰兒說。

1. 「爺爺現在在哪兒？」這是許多小孩子會問的問題，但大多數家長不知道怎麼回答，在這本童繪本中有許多對話可幫助兒童疏導心中的疑惑。

2. 同樣的情形在南台灣的小凱就沒有那麼幸運，在南台灣六歲的小凱，爸媽忙於上班，平時都是爺爺接送上幼稚園、和爺爺一起散步、到公園去玩、晚上和爺爺一起睡，在爺爺故事中入夢。有一天不知怎麼，小凱發現爺爺穿一套很奇怪的衣服躺在客廳裡，家人忙進忙出，沒人理會小凱。當小凱靠近爺爺時，爸媽說：「大人正忙，小孩子不要來煩！」小凱不懂為什麼爺爺被裝入一個大木箱又運到郊外，在地上挖了一

個洞，放了進去。小凱想：「下雨了怎麼辦？天黑了怎麼辦？爺爺會怕嗎？」小腦袋瓜有好多好多的疑問，回到家小凱不再開口講話，這時爸媽才發現事態嚴重，找了好多心理輔導醫師，整整半年，小凱才慢慢恢復過來。媽媽說「記得爺爺下葬時，小凱的眼淚就像斷線珍珠似的淚流滿面」，爸爸媽媽好心疼在喪事過程中沒有好好照顧到小凱幼小的心靈（紀潔芳，2000）。

3. 建議家長平日能和小孩多分享有關生死教育童繪本中的故事，則孩子碰到喪親之痛時，多少會有心理準備，同時家長也要學習和孩子溝通死亡問題。

五 Where is Grandpa

文‧圖：T.A. Barron

㈠書中大意與佳句賞析

＊在爺爺要為我蓋樹屋之前，他是這麼說的：「每隻小鳥都需要一個巢，每個小孩都需要一棵樹。」他把樹屋蓋在我最喜歡的一棵樹上。每一次爺爺和我在樹屋上面，他都會說：「讓我們盡量地往最遠處看。」我會盡量眺望讓視野飛越山嵐，遠至洛磯山脈。有時候我爬上去是為了和松樹聊天，有時候是為要單獨一人，發發白日夢。但是在那一天，我完全沒有爬上去的心情，那就是祖父去世的那一天。我在房子外面的階梯坐了好久好久，爸爸回來的時候，他緩慢地從車上下來，就像一個老人那樣，他的動作比爺爺還慢。媽媽摟了爸爸好久，他們倆走過來和我一起坐著，姊姊和弟弟也靠了過來，好一會兒大家都靜默不語。

＊爸爸碰了我的手臂一下，說：「我也很想念他。」我吸了一
大口氣：「我心裡有些猶豫的事。」「什麼事呢？」「我不
知道要怎麼說。」爸爸建議說：「你就嘗試一下吧！」，「好
吧。」我說：「有誰可以告訴我爺爺現在在哪裡嗎？」爸爸
說：「他真的已經走了。」我問道：「走去哪裡呢？」爸爸
想了一會兒：「我想你可以說……他在天國吧。」
「天國在哪裡呢？」「嗯……天國的定義因人而異，而且很
難講清楚說明白。」換我建議說：「你可以試試看嗎？」

＊爸爸望了媽媽一眼轉身面對我說：「或許你可以說天國是任
何相愛的人曾經一起渡過時光的地方吧。」我想了想：「你
的意思是……像是那邊上面的瀑布，還有那老松樹，甚至是
我的樹屋嗎？」爸爸沒有回答，我靠得更近些說：「天國就
在全部這些地方嗎？」爸爸點了點頭，「所以爺爺是在這所
有的地方囉。」爸爸的表情恍若兩人，他幾乎笑了出來。我
想到爺爺在那所有的地方，我也差點笑了出來。我知道現在
我又可以再爬我那棵老樹了，伸長我的手臂，伸展我的視野，
一直延伸到洛磯山脈那長年積雪的地方。（曾廣志摘譯）

1. 本書及上本《爺爺有沒有穿西裝》都是非常適合當作哀傷輔
導的書。台灣有許多兒童及青少年都和祖父母、外公外婆的
感情非常親密，一旦失去老人家，心中的傷痛可知，這本書
幾乎每幅圖像色彩都非常明亮，但每個人在祖父生死前後的
表情令人動容，是一本文字生動、繪圖能打動人心的好書。

2. 本書令人感動的是孩子和父親在不斷地思索討論祖父的去處
時，父子同時豁然頓悟，原來祖父就在我們思念的地方，父
親的心境也舒展開了。台灣地區最近出版《地球的祈禱》（道

聲）、《爺爺的牆》（和英）也是談祖孫親情及對祖父去世
後之思念，亦值得一讀。

六　Beyond the Ridge

文・圖：Paul Goble

㈠書中大意

這是描寫一位印地安婦女的亡魂她一直聽到有人叫她，仔細一
聽原來是她去世母親的聲音，她的亡魂順著聲音的方向走去，突然
間柳暗花明到了一個世外桃源的世界，她看到了許多去世的親人，
她好高興。

㈡賞析

這本書是用兩條動線方式同時進行，一面敘述及圖繪印地安人
在為這位婦女舉行喪葬儀式，一面敘述這婦女亡魂尋聲來到世外桃
源的情境，這本書告訴印地安人的孩子，人隨其自然死後是去與已
過世的親人相聚，那死又有什麼可怕！

七　On the Wings of a Butterfly: A Story about Life and Death

內　文：Marilyn Maple

插　畫：Sandy Haight

㈠書中大意

這本書是筆者讀過輔導臨終病童非常非常恰切的書，文情並茂、
圖繪生動、美麗、饒富意義。書中癌症小女孩 Lisa 和毛毛蟲 Sonya
之間有許多對話，絲絲入扣、動人心弦、發人深省。Lisa 和 Sonya 交
流了許多身體內的變化，藉著毛毛蟲變化成繭，蛻化成蝴蝶來敘說
生命週期及死後世界的交待，其中的童言童語，非常親切自然。書

的最後還敘說了 Lisa 死後美妙的感覺及醫生護士對 Lisa 的懷念。這本書解答臨終病童許多問題，包括死後世界，是家長成長的良好讀物，希望台灣能取得翻譯出版權，那將是台灣兒童及家長的福音。

㈡賞析

1. 在美國的一些童繪本也常以毛毛蟲變蝴蝶來向兒童介紹人生，他們認為生命是階段性的，就如同毛毛蟲結成繭，繭內的蛹再蛻成蝴蝶。在 *On the Wings of a Butterfly*，封面上標明是「a story about life and death」。有一天 Sonya 說：「Lisa，我覺得我的身體好像要起一個很大的變化。」原來 Sonya 快轉化為蛹，這時 Lisa 也說：「Sonya，我也覺得我身體好像有很大的變化。」而 Lisa 是得了癌症。當 Lisa 住院時，爸爸也把這盆有繭的盆栽帶到病房，當 Lisa 看到 Sonya 由蛹羽化為蝶破繭而出時，Lisa 的生命也走到了盡頭，在繪本中看到爸媽很悲傷的摟著 Lisa 的身體，但 Lisa 的靈魂正飄浮在天花板上看著這一切，最後 Lisa 的靈魂與羽化為墨西哥蝶的 Sonya 結伴飛走了。

2. 在庫柏羅斯《你可以更靠近我》（張老師）一書中，洛莉的個案：老師打電話給蘿絲醫師，提到洛莉的媽媽已經住院兩星期，爸爸每天早出晚歸上班及在醫院照顧媽媽，從來沒有人告訴一年級的洛莉，到底是怎麼一回事，洛莉和妹妹精神不振、情緒低落，令老師非常擔心，特地請蘿絲醫師輔導，蘿絲醫師是最心疼孩子的，蘿絲醫師從洛莉畫中已充分了解孩子已經知道了一切，在簡短的對談中，洛莉重複三次說「媽媽再也不能……再也不能……」，多麼令人心酸。當蘿絲醫師要帶洛莉小姊妹去醫院看媽媽時，蘿絲醫師先為小洛莉做

心理準備告訴小洛莉「媽媽已經昏迷，就像是在一個蟲繭裡面，她不能再說話，不能再擁抱你，但是她還活著，而且她可以聽到妳說的每個字、每句話、每件事情，她甚至還可以聽音樂，很快在一、兩天內，發生在蝴蝶身上的也會發生在你媽媽身上，她會像蝴蝶，破繭而出」（這是象徵性文字語言的運用）。在蘿絲醫師安排下，洛莉姊妹見了媽媽最後一面，她們對昏迷的媽媽毫不害怕，她們親媽媽並將所有需要說的話告訴媽媽。第二天洛莉在一年級教室黑板上畫了一顆繭還有一隻正在破繭而出的蝴蝶，分享自己探視瀕死母親的生命體悟。由孩子來教導孩子對死亡的認知及準備，是一種非常自然有成效的方式（紀潔芳，2000）。

八　Sammy's Mommy Has Cancer

內　文：Sherry Kohlenberg

插　畫：Lauri Crow

㈠書中大意

本書是 Sammy 的母親罹患癌症治療的經過與身心情緒所產生的變化；如掉頭髮、瘦弱、噁心等化療的副作用等。讓孩子對母親的身心及情緒變化有一心理準備，最後 Sammy 的母親很幸運，病情控制住了。

㈡賞析

1. 本書引導小孩了解癌症治療的過程，讓他們知道可能發生的事情，並讓孩子了解他們在什麼地方可以得到幫助。像在《把這份情傳下去》一書中提及六歲小傑的個案：小傑的媽媽快要病死了，想見小傑一面，但小傑就是不肯進病房，原來小

傑媽媽已被病魔與藥物折騰得不成人形，小傑被嚇到了。

2. 癌症會發生在任何家庭。這不是任何人的過錯，即使家庭成員生病了，大家仍然是一家人。

3. 唯教師在運用這本書教學時，需要告訴學生，幸虧 Sammy 的媽媽病情及早發現，也與醫師有良好配合，病情才能控制住，但有的媽媽就沒有那麼幸運，有時病情發現太晚，是無法挽救生命的。如果沒有此番叮嚀，孩子會一廂情願往好處想，結果會有更大的失落也說不定。

4. 讀了這本書，心中非常感慨！在美國有許多童繪本是為孩子量身訂做的，這些書幫助孩子在面對大人各種症狀或境遇時，有所了解及做好心理準備，如家中將有新生兒來到、父母親要離婚、兩個新家庭的組合、自己將被收養、要去看牙醫師、有憂鬱症的媽媽、當寵物死掉時……等，都能非常貼切先為孩子做心理準備，幫助孩子適應環境的變遷（參閱附錄之書目）。

九 小氣財神

原　文：狄更斯

格林版：英諾桑提圖／張玲玲譯

商務版：威廉・傑爾達圖／顏湘如譯

㈠書中大意

　　本書是英國大文豪狄更斯的作品，在一八四三年十二月十七日在倫敦首度發行，深受歡迎，是耶誕節的最佳獻禮。書中描述一位刻薄、小氣、尖酸、吝嗇的商人史顧己在往日鬼、現世鬼及來日鬼三位鬼魂的引領下，回到了過去而引發種種悔恨，看到現在而懺悔

不已及看到未來自己孤伶伶無聲無息死去的害怕，從而洗心革面重新做人，歡度耶誕。

佳句賞析

* 「我不明白，鬼為什麼要來到人間。」

* 鬼聽了又尖叫一聲，震動著它身上的鐵鍊。「人死了之後靈魂會重回人間，目睹他在世時本來可以享受的歡樂時光，卻因為在世時吝於助人，而使自己陷入苦惱的深淵。」

* 史顧己顫抖的問：「你身上為什麼纏著鐵鍊，還鎖著保險箱和帳簿呢？」

* 「我的鐵鍊是在人間時鑄造的，這些都是我自己一段一段接起來，自願綁在身上。你現在正和我一樣在鑄造著鐵鍊呢，老友！你難道沒有發覺嗎？」鬼嘶啞著嗓子說。

* 「在世時，我從沒離開過我們賺錢的小圈子，可是現在我卻受到上帝的處罰，這七年來我的內心無法平靜，我一直不停的旅行，不斷受到懊悔的折磨。」

* 「生意！」鬼提高聲音嚷著：「人類才是我的生意，眾人福祉才是我的生意；我的生意是慈悲、憐憫和寬容。而我生前的生意根本不算什麼，可憐我當時還為了賺那一點錢，泯滅了我的良心，害得我現在在這裡痛苦。」

* 「重點不在花錢，」史顧己因鬼的話而情緒有些激動。「你要知道，重點不是錢。他有能力讓我們快樂或不快樂，使我們工作順利；也可以使工作繁重得像作苦力一般。他把善心顯示在言詞和行動上，或表現在許許多多微不足道的小事上。他給了我們難以言喻的快樂，這不是用錢可以買的。」

* 「沒什麼。」史顧己回答。「我只是在想要是我也能對自己

的職員這樣就好了。」

＊「這個守財奴如果知道死後東西會被偷走，」幫傭的婦人說：
　「一定後悔以前為什麼不大方一點？這樣，死的時候就會有
　人去照顧他，不會那麼孤伶伶的一個人躺著嚥下最後一口
　氣！」

＊老人說：「你該不會是趁他還沒嚥氣，躺在床上，就把這個
　東西連掛鉤一起拿下來吧？」

＊「不錯，對『他』這樣的人，是不必客氣的。」第一位婦人
　冷冰冰的回答。

＊外面有一道微弱的光線剛好射到床上，上面擺了一具屍體。
　房間早就被偷過、遺棄了，沒人照顧，更無人哀悼。

＊史顧己望著床上時，彷彿聽到了上面的這些話。他心想，這
　個人現在如果能夠死而復活，心中最想做什麼呢？是否仍然
　只是抱著貪慾、專橫、多撈一些的念頭？往日的風光不再，
　此刻這人躺在冷清陰暗的房中，沒有任何人，或子孫會說：
　「這個人生前處處對我好，我記得他說過的好話，所以我現
　在要好好的待他。」

＊「從一個人的所作所為，可以看出他未來的命運。」史顧己
　說：「不過，他如果改變，將來自然會不一樣。你給我看的
　這些景象，就是要告訴我這一點，對不對？」

＊史顧己渾身發抖，照幽靈指示的方向，緩緩走過去，然後念
　出墓碑上的名字：伊普尼奇‧史顧己。

＊「我就是那個躺在床上的人嗎？」史顧己說著，跪了下去。

＊「幽靈，」史顧己哭著，雙手緊緊抓住對方的長袍。「你聽
　我說，我現在和以往不一樣了。看了那些未來的事，我已經

不是往日的我。如果我沒救了，為什麼還要讓我看呢？」

＊「好心的幽靈，」史顧己接著說，整個人幾乎趴在地上。「求你用慈悲的心憐惜我，替我求情。請給我一個機會，能夠改變你給我看到的那些景象，讓我重新作人。」

＊史顧己打量四周，沒錯！這是他的床柱。他還躺在自己床上，在自己房間裡。他最高興的是，時間又是自己的了。

＊「我會記住夢裡過去、現在和未來的一切！」史顧己一邊從床上爬起來，一邊說：「感謝聖誕佳節帶給我的恩賜！噢，馬立，謝謝你！」

＊「我覺得像羽毛似的輕鬆，天使般快活，小學生般高興。渾身像酒醉的人一樣昏頭昏腦。恭喜大家聖誕快樂！全世界的人新年都愉快！」

＊史顧己沒有食言，他真的幫了忙。他幫助小提姆，使小提姆能夠健康的活下去。史顧己整個人脫胎換骨。現在倫敦的市民都知道，甚至許多其他大城小鎮的人也都知道，他已經變成大家的好朋友、好老闆，就算有些人笑他怎麼整個人變了樣，他也不在乎。

＊自此以後，他再也沒有和幽靈打交道。聖誕節本來就充滿了奇蹟嘛！

1. 在本書中幾乎每句對白都是那麼深刻醒世，打動人心，情節的安排也是敘說著人的一生，並且能預先看見未來要發生的事情，如此才有改過的機會。這本書也是狄更斯個人相當偏愛的故事。

2. 《小氣財神》在台灣地區有多種翻譯本，其中商務版不但有圖像，另又加入許多十九世紀倫敦的街景及風俗文物，饒富

趣味。另外格林版純粹屬童繪本，文章經節錄，適合兒童閱讀，再加上鬼魂、墓園及耶誕節歡樂的圖像，更為生動有力、縱然是成人，讀來也津津有味。據了解因時間等因素，有時成年人更喜歡讀摘要本或童繪本，文字簡潔有力或許更能打動人心。目前也有多種電影版本，研究者看過的有男鬼魂與女鬼魂兩種電影版本，均是耶誕節的應景影片，雖然是鬼故事，但溫馨、感恩、令人激賞，亦讓人捫心反省、改過遷善，真正能以清淨心把握慶祝耶誕節的真意。

肆　童繪本在生死教育教學中之運用與建議

　　童繪本通常運用於生死教育教學中應建立的理念及把握的原則與建議如下：

一、一般教師在生死教育教學中必定有整體教學內容與教材之安排，童繪本應是教學中之輔助教材，可運用於上課中或當作學生課外讀物均適宜。至於那些童繪本適合運用於教學中，乃見仁見智，可由教師或學生自行抉擇，由於每個人的知覺、境遇與需求各不相同，看山是山、看水是水，機緣契合，自有其對生命的領會處。

二、本研究所選取之童繪本，如以生死教育四項內涵觀之，分類如下：

　　1. 在日常教學中建立人生理念可用之童繪本有《精采過一生》、《一片葉子落下來》、《獾的禮物》、《小氣財神》等。

　　2. 面對親朋好友之生死，如 *Sammy's Mommy Has Cancer* 等。

　　3. 面對自己的死亡，如 *On the Wings of a Butterfly: A Story about*

Life and Death 等。

4. 悲傷輔導方面：如 *Where is Grandpa* 及 *Beyond the Ridge*、《爺爺有沒有穿西裝》等。

以上的童繪本皆是很好之輔助教材，使用者亦可按自己的看法歸類，運用之妙存乎一心，另生死教育尚有許多可運用之童繪本，謹列於附錄中供參考。

三、童繪本之運用不只是給兒童看，在初高中、大學、成人及銀髮族的生死教育教學中均是非常好之輔助教材。如有位老爺爺看完《精采過一生》，不由得呵呵大笑，直呼「怎麼都寫到我的心裡面去，我也要像他們一樣，精采過日子」。另外有位老奶奶在觀賞「人生四季」錄影帶後說到「也許我也應該像那位奶奶一樣先交待後事，也要送給小孫女一個紀念品」。

四、上文提及童繪本圖文並茂，乃是文學與藝術的結合，如能在課堂中或家中為學生或孩童朗讀、教師或家長能投入自己的感動，用聲音甚或肢體語言結合文字、圖像及聽覺之閱讀，或許是讀者很大的享受，尤其為學齡前的孩童朗讀並與觀賞圖片結合，對孩子心智的啟發莫可言喻。又在家中為孩子朗讀童繪本應是最好的親子溝通及理念的交流。通常在高中、大學及成人教學中，研究者也讓學生們用較誇張有抑揚頓挫，注入感情的聲音來朗讀，學生們的感覺不錯。頂番國小饒老師在朗讀童繪本《我永遠愛你》阿雅的故事或其他的童繪本時，還配合一些典雅輕柔的音樂，如古典、水晶、新世紀與自然等音樂，特別是 George Winston 四季系列的音樂及 December，特別能有一番氣氛，小朋友非常喜歡。如《小氣財神》之作者狄更斯就是位說故事高手，《小氣財神》是狄更斯非常喜歡的作品之一，曾經在其說

書生涯講過一百二十七次。

五、在童繪本閱讀後教師或家長宜能自然，輕鬆與學生或孩子討論其感想心得或疑惑，是師生、親職溝通互動的良好方式之一，如在《獾的禮物》中有些小學生就不太懂獾死後要走過長長的隧道，但有位小學生認為獾死了，身體以另外方式呈現，他不需要拐杖，腳步輕快，心中對奶奶因病去世而稍稍放心。目前在國內有許多老師有採用童繪本輔助教學，研究者在大學、成人推廣班及老人長青班，生死學或生死教育課程中皆採用童繪本輔助教學，效果殊勝（老人長青班以「身心靈整體健康」名稱開課）。另任教於國小及幼稚園之李憲三校長、饒智仁老師、張佳莉老師、紀孟春老師與蕭秋娟老師運用童繪本教學之教案、學生學習回饋與教學者心得與檢討可參閱他們的碩士論文。而孩子所看童繪本之體會，超過了我們原先的期盼，更難得的是家長也受到薰習，尤其是幫助了一位喪親的家長走出多年悲傷。另外，林真美著《在繪本花園裡》（遠流），張湘君、葛綺霞編著之《生命教育一起來》（三之三）、《開放教育總動員》（天衛）等對童繪本於兒童生命教育中運用亦提供了許多寶貴意見值得參考。

六、台灣地區目前有關國內作家與畫家自製之童繪本尚不多見，如《祝你生日快樂》（國語日報）、《希望的翅膀》（格林）及《媽媽心、媽媽樹》（國語日報）等結合文學美術與生死教育三方面極精采之繪本，非常本土化，尤其是《希望的翅膀》（格林）是為鼓勵九二一受災孩子畫的，讀完會令人落淚的。目前彰化師大中文系有開授「兒童文學」的課程，亦有美術系學生選修，他們製作了幾本相當不錯的童繪本，即是結合文學、美

術與生死教育的繪本，故宜積極培育國內編繪童繪本的人才。

七、本研究僅討論童繪本在生死教育中運用，台灣地區目前在生死教育教學資源之出版品非常豐碩，包括錄影帶、幻燈片、VCD、DVD 等，不但類別多元化、數量亦多、內容亦相當精湛，亦可與童繪本交互使用，收相輔相成之效。如《小氣財神》除帶學生閱讀童繪本外，亦可配合錄影帶之賞閱，則印象更為深刻。

八、宜鼓勵出版社多引進及出版國外有關生死教育之童繪本。

九、建議各學校及公共圖書館宜增購有關生命教育的童繪本及視聽媒體，以供教師教學參考及民眾借閱。彰化師大圖書館自民國二○○○年開始即將生死教育有關書籍包括視聽媒體等列為專門館藏。近年來也購入許多國外的童繪本。該館凡有關生死學教學資源通常購置兩套，一套置於架上供學生借閱，另一套陳列於館內教材中心，供學生隨時翻閱。研究者通常亦自備一套童繪本及視聽教材，在上大學部及推廣班學生的課程時，允許學生下課後到研究室書架上借書或借視聽媒體，待下次上課再交換其他的書籍帶回去閱讀，通常一學期下來，每位學生至少可看三十多本書，有些在職教師甚至將書或錄音帶、VCD 等帶到學校分享學生，其樂融融，書像降落傘一樣，要打開才有用。

十、目前彰化師大圖書館盲人圖書組開始為視障朋友錄製生命教育有聲書，目前已錄製七十多冊，深受視障朋友及視障學生喜愛，唯在錄製中對於一些文字相當簡潔，圖像非常豐富的童繪本，如何傳情達意在朗讀的技巧上還有待突破。畢竟，弱勢朋友在生命教育中更是要列為優先關懷的對象。

伍　結語

　　台灣地區大專校院生命教育課程自一九九一年起即陸續開課，在小學及國、高中則自一九九七年方正式的推展，雖相較於歐美地區起步較慢，唯由於切中時弊、切合時需，其進展的速度與擴大的層面令人驚奇，唯未來還有一段很長路要走；無論在教育目標的確立、師資的培育、課程的規畫，面對不同層面學習者教學方法的設計、教學活動的規畫及教材的選取與教學資源的恰當運用，國外教學資源的引進等，還須有更多的努力。在此亦希望童繪本在生死教育教學中之運用能廣受重視，這些童繪本都是作者與繪圖者對宗教、哲學深刻的體悟，對生命實質的體驗與人生智慧的結晶，而教師如能在閱讀中深刻感動，必能感動學生。

參考書目

林真美（1999）。在繪本花園裡。台北：遠流。

紀潔芳（2000）。兒童生死教育教學之探討——兼談教學資源之運用。載於彰化師大台灣地區兒童生死教育研討會論文集。

紀潔芳編（2002）。生命教育人力資源與教學資源應用。彰化師範大學圖書館。

陳芳玲（2002）。導讀。載於悲歡歲月——一個憂鬱的故事。台北：心理。

黃迺毓（1999）《精采過一生》導讀。載於精采過一生。台北：三之三。

生命 教育

附　錄

其他有關生死教育中之精彩童繪本，如下。

1. 生之喜悅

◆彼得・梅爾著／鍾雲譯（1990）
　　　我從哪裡來？（遠流）

◆湯瑪士・史文生著（2002）
　　　忙碌的寶寶（三暉）

◆湯瑪士・史文生著（2002）
　　　忙碌寶寶回家了（三暉）

2. 勇敢面對自己死亡

◆Elisabeth Reut 著／漢聲編輯部譯（2000）
　　　安安和白血病作戰的男孩（漢聲）

◆方素珍著（2000）
　　　祝你生日快樂（國語日報）

◆周大觀著（2000）
　　　我還有一隻腳（遠流）

3. 兩性教育與性侵害之防範

◆夏洛特・佐羅托著／楊清芬譯（2001）
　　　威廉的洋娃娃（遠流）

◆席薇亞・戴娜、提娜・克莉格合著／洪翠娥譯（2002）
　　　家族相簿（和英）

◆湯米・狄咆勒文圖／余怡瑩譯（2001）
　　　奧力佛是個娘娘腔（三之三）

◆瑪格麗特・懷德著／柯倩華譯（1999）
　　　愛織毛線的尼克先生（上誼）

4. 生命理念的建立

◆Robert Munsch 著／林芳萍譯（2000）
　　　　永遠愛你（和英）

◆加娜・拜亞茲・阿貝爾斯著／林真美譯（2000 初版五刷）
　　　　請不要忘了那些孩子（遠流）

◆泰德・洛比著／黃嘉慈譯（2001）
　　　　潔西卡和大野狼——給會做惡夢的孩子（遠流）

◆凱琳・愛爾蘭著／涂淑芳譯（1999）
　　　　奇妙的自然、奇妙的你（遠流）

◆湯姆・波爾著／劉清彥譯（2000）
　　　　世界為誰存在？（和英）

5. 成長與親情關懷

◆辛茜亞・勞倫特著／桂文亞譯（1997）
　　　　親朋自遠方來（遠流）

◆安東尼・布朗文圖／陳瑞炫譯（1998）
　　　　穿過隧道（遠流）

◆芭芭拉・庫尼著／方素珍譯（1998）
　　　　花婆婆（三之三）

◆芭蓓蒂・柯爾／陳質采譯（2001）
　　　　我的媽媽真麻煩（遠流）

◆夏洛特・佐羅托著／李碧姿譯（2001）
　　　　很新、很新的我（遠流）

◆夏洛特・佐羅托著／陳質采譯（2001）
　　　　大姊姊和小妹妹（遠流）

生命教育

198

◆夏洛特・佐羅托著／陳質采譯（2001）
　　我不想長大（遠流）

6. 特殊教育

◆貝蒂・瑞・特著／陳質采譯（2001）
　　我的姊姊不一樣（遠流）

◆派翠西亞・麥蘭赫蘭著／楊珮榆譯（1998）
　　跟著爺爺看（遠流）

◆珍恩・懷特豪斯・彼得森著／陳質采譯（2001）
　　我的妹妹聽不見（遠流）

◆班・薛克特著／呂俐安譯（2001）
　　叔公忘記了（遠流）

◆梅・法克斯著／柯倩華譯（1999）
　　威威找記憶（三之三）

7. 寵物的死亡與關懷

◆漢思・威爾罕著／趙映雪譯（2000）
　　我永遠愛你（上誼）

◆賴馬文圖（1997）
　　我和我家附近的野狗們（上誼）

◆羅倫斯・安荷特著／張麗雪譯（2001）
　　安娜想養一隻狗（上誼）

8. 生活轉換的適應

◆凱絲・史汀生著／林真美譯（1999）
　　媽媽爸爸不住一起了（遠流）

9. 如何面對他人死亡與悲傷輔導

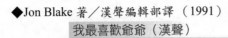
◆Jon Blake 著／漢聲編輯部譯（1991）
　　　我最喜歡爺爺（漢聲）

◆大塚敦子著／林真美釋（2002）
　　　再見，愛瑪奶奶（和英）

◆珍妮特・歐克著／劉清彥譯（2001）
　　　編織記憶（香港道聲）

◆約翰・伯寧罕著／林良譯（1994）
　　　外公（台灣英文）

◆夏洛特・佐羅托著／陳質采譯（2001）
　　　想念外公（遠流）

◆有關「生之喜悅」：我家寶貝要出生（奧林），繪本非常寫實、溫馨，
　結局有驚艷之喜悅。
◆有關「寵物的死亡與關懷」：毛第！再見（悅讀），對兒童寵物死亡之
　心理描寫貼切，父母親之柔軟對待及恰當處理令人回味無窮。
◆有關「臨終關懷及悲傷輔導」：好好哭吧（大穎），是一本非常非常好
　的書，很大膽的介紹了死神，也讓孩子學習如何看待祖母的臨終。

　　這幾年來出版社非常用心，出版了許多有關生命教育的精采繪
本，值得為他們鼓掌，我們多多採用，我們就會有更多的好書可讀。

第十章

早知道早幸福？兒童死亡概念之發展與生死教育

張淑美

壹 ） 前言——「死亡本來活在生命中」

　　生命的終點——死亡，和性一樣，向來是社會文化中避談的禁忌。但是試圖用帷幕遮掩孩子的視線與好奇，不僅是不可能，反而會因為忌諱逃避而喪失孩子自然接觸生死大義的機會。死亡心理學家認為，兒童自幼即對「消失」與「死亡」產生疑問與好奇，如果過度避諱或反而以神秘恐怖的方式來處理的話，可能會造成兒童對生命有錯誤的認知與態度，對其人格與人生觀的發展造成負面的影響（張淑美，1989；1996）。

　　死亡，本來是一個中性的刺激，端視人們以什麼方式或態度來處理。死，雖令人傷悲，但悲可不必傷；因悲傷而真情流露，也會令人警醒生命的可貴與意義。也許更重要的是，由死論生，如何掌握生命，才是吾人活著時要去積極思考與作為的。成人宜先澄清自

己對死亡的認知、態度與省察，具備足夠的了解與準備，才能以坦然誠實的方式來教導兒童的生死疑問。

在美國，死亡教育正式登入學校教育的殿堂中，大約是在一九五〇、六〇年代。著名的美國死亡教育先驅大師丹尼爾・雷文頓博士（D. Leviton）（1999）曾替我國安寧照顧協會發行的《安寧照顧季刊》發表文章，文中剴切指出世人對死亡的漠視與恐懼，其實是根源於社會文化集體的、深層的一種「死亡否認」，導致吾人總覺得死亡是別人的事，好像不去想它，它就不會發生在我們身上一樣。他提出一個新名詞，叫做「驚恐的死亡」（horrendous death, HD），意思是「大量的或人為的死亡」，這自然是令人驚恐的事，例如戰爭、車禍、他殺、自殺、環境污染引起的死亡等等，不是自然的、而多是人為引起的死亡，都可說是驚恐的死亡。他認為社會上要更覺醒死亡的重要性，想像我們所愛的人以及我們自己，都可能會遭逢報章媒體所報導的那些「別人的死」那樣的事情，進而要透過教育與實際的社會行動來預防驚恐的死亡。消極而言，避免不必要的過度害怕；積極而言，更要去督促政府對生命維護與健康生活促進的重視、並積極制定相關政策與落實實施（張淑美，2006a；2006b）。

死亡教育，或是國人已經比較接受的生死教育，可能是目前廣被重視的生命教育理念與內涵中，較少被談論的一個取向（張淑美，2001；2006b）。雖然對兒童而言，以刻意的方式來教導生死議題，未必合適。但承如前述，過度避諱否認的方式來處理兒童的生死疑問，則是很不妥當。筆者認為「**自然之事，自然以對**」，在自然發生的時機中正確坦然地教導孩子生死問題，比起要對老人家開口談生死大事，為死亡做準備，可是「自然」而容易得多了。承上所述，本文擬分析兒童死亡概念的發展與其教育涵義、提出兒童生死教育

的要點與原則，來向教育界的同仁與家長們就教與討論。

貳　「兒童眼中的死亡」——兒童死亡概念的發展與其教育涵義

一　兒童死亡概念之發展與其教育涵義

㈠死亡概念的涵義

死亡概念是由一些「次概念」（sub-concepts）或成分（compo-nents）所組成的複雜概念，就肉體層次的認知來講，國內外研究死亡概念的學者普遍認為成熟的死亡概念有五種最主要的次概念（張淑美，2001；Speece & Brent, 1996）。簡介如下：

1. 「不可逆性」（irreversibility）：能了解凡生物體一旦死亡，則其「肉體無法再復活」（不包括精神或靈魂的層面）。
2. 「無機能性」（nonfuntionality）：能了解「所有界定生命的機能均停止，所有身體的器官都喪失功能」。
3. 「普遍性」（universality）：能了解「所有生物體都會死亡」，包括小孩子在內。
4. 「原因性」（causality）：亦即了解「導致生物發生死亡的原因」（包括自發的內在因素或外力因素）。
5. 有關「非肉體的延續性」（noncorporeal continuation）的思考，是涉及「吾人肉體死亡之後以其他形式繼續存在的觀點」（Speece & Brent, 1996）。

以往大部分有關死亡概念的研究均以假定的成人應理解的成熟層次來界定，且刻意將「死後生命的信念」（beliefs in an after life）

排除，但許多研究發現仍然無法周延排除（引自張淑美，1996）。
Brent 與 Speece (1993) 的一項針對「成人」對死亡「不可逆性」概念
了解之研究，發現大學生普遍有「死後生命」的認知，許多人回答
「可能因為某些原因讓瀕死的人有機會再活過來[1]」；筆者曾經調查
年齡在二十六至五十六歲左右修習「生死教育」推廣學分課程的成
人，發現也有多位成人回答認為有別於此生肉體生命的靈性生命等
等，反映出對靈魂層次的信念。再者，筆者（張淑美，1989）的研
究也發現國小高年級學生也會回答有關「靈魂」層次的概念；一九
九五年完成的一項研究發現，雖然特別將肉體與精神性生命的概念
加以區分，但是仍然發現國中學生對死亡的了解與態度或許是受我
國國情文化背景的影響，許多反映出「死後世界」（例如「好人上
天堂，壞人下地獄」）的觀念（張淑美，1996）。

綜合上述國內外研究發現可見，不管是兒童、青少年乃至成人
的死亡認知都多少反映出對「非肉體延續性」的了解，頗值得後續
研究深入探討。

㈡兒童死亡概念之發展與其教育涵義

儘管有關兒童死亡概念發展的研究結果相當紛歧，唯多少均源
自於 Nagy 於一九四八年研究三百七十八名三至十歲兒童對死亡的看
法之結論。然而，Nagy 的研究是在戰亂中進行的，可能會影響兒童
提早了解死亡的概念。身處二十一世紀科技文明社會中的兒童，其
死亡認知發展的模式應該會有差異（如上一段所述有關「非肉體的
延續性」概念之說明），但是 Nagy 的研究結論仍可作為了解與比較
之參考。茲將其建立的三個階段死亡概念發展模式介紹如下（張淑

1　或譯為接近死亡經驗（near-death experiences, NDES）。

美，1989、1996、2001）：

第一階段：三至五歲的階段，否認死亡是必然的及最終的過程。此
　　　　　階段的兒童，認為死亡是可逆的過程，可以隨環境的變
　　　　　化而改變存在的方式；死亡是暫時的，可以區分為各種
　　　　　不同的程度，也許是白天休息、晚上活動。

第二階段：五至九歲是擬人化的階段。此階段的兒童認為死亡是一
　　　　　種「人」，叫做死亡先生（deathman），只有被死亡先生
　　　　　抓走的人才會死。所以兒童已經知道死亡是生命的終止，
　　　　　但不是普遍的，不希望自己會死。他們認為死亡不是經
　　　　　常發生的，而是神奇的事，死亡和死者被認為是相同的。
　　　　　因為自我中心的思想，或者「以人類為中心」的思想
　　　　　（anthropocentric），而仍有泛靈論的想法，認為人造物
　　　　　也有生命。而死亡是可以避免的，如聰明的人、幸運的
　　　　　人、特殊的人不會被死亡先生抓走，透過魔咒、祈禱、
　　　　　神奇的藥物，也可能避免死亡。

第三階段：九歲以上階段，兒童知道死亡是普遍的、是真實而不可
　　　　　避免的。此時泛靈的及人為化的傾向已不顯著，自我中
　　　　　心的思想也不明顯了。

　　後續許多研究並未完全發現和 Nagy（1948）相同的結果。Spe-
ece（1987）則認為兒童死亡概念之發展有其階段性，會隨年齡發展
而愈趨於成人的成熟標準，但完全成熟的年齡大約在七歲開始，到
十至十二歲甚或更大以後才能達到該年齡層百分之百的成熟了解。
國內劉惠美（1998）研究四至七歲幼兒之死亡概念，發現四歲幼兒
開始對人類死亡概念已有了解，年齡愈大則更趨成熟。張淑美
（1989）研究小學一至六年級兒童的死亡概念之發展，發現國小一

年級兒童即有成熟的死亡概念，但未發現國小六年級兒童能百分之百達到各成分死亡概念均成熟了解的情形；而且高年級以上的兒童大都能了解死亡的生物性意義（亦即前述四項次概念的成熟），同時也開始回答出有關精神性或靈魂之類的答案（如，身體死了不會活過來，如果是靈魂就不一定了）；另外，也發現影響兒童對死亡的了解，以「學校教育」最少，而以「本身經驗」為最大比例，後者指的是「自己知道的、看到的、聽到的、想到的」；甚且在回答人類死亡的原因是「外力因素」者（意外、他殺等），則反映出受到「大眾傳播媒體」（從電視、報紙等看到的）之影響為最多。

此外，筆者指導的研究生進行「高雄地區國小高年級學童死亡概念、死亡態度之研究」（黃啟峰，2004），雖然發現幾乎學童的死亡概念都很成熟，但是在所抽取晤談的二十名城鄉高年級學童中，有十九名相信「死後有靈魂」，一名回答「半信半疑」，而且所反應出的態度頗多是恐怖陰森等負面的看法。這在資訊發達的現代社會中，如果沒有適時引導孩子對死亡的好奇，進而給與正確的教育，很可能會讓孩子把疑問轉向電視節目或網路資訊中尋求，對其生死的態度與人生觀的影響，可能是頗為負面的，實在值得加以關心與了解。

很多研究也針對死亡概念之發展與皮亞傑的認知發展階段做比較，雖然不一定全然相符，仍然可做為了解或和兒童溝通死亡議題的參考（張淑美，1996，頁 39-41）。

從上述兒童死亡概念之發展，可歸納出下列四項教育涵義：㈠幼兒已經初具對死亡的認知能力，有關死亡的教育應該在家庭中實施，父母應教導兒童正確的生死意義；㈡我國兒童對死亡的了解，甚少透過正規的學校教育教導，而以本身經驗及受大眾傳播媒體的

影響為多；㈢兒童死亡概念的發展有大致的階段，在教導時應注意配合其死亡認知之發展；㈣國小高年級學童頗相信「死後有靈魂」，而且多為恐怖陰森的看法，值得家長與教育工作者加以關心與了解。

參　「自然之事，自然以對」——兒童生死教育的要點與原則

以下提出教導及協助兒童面對死亡疑問的「五不三要三問」，做為兒童生死教育實施的參考（張淑美，1996、1998、2001）：

一　五不

1. 勿說「死者只是睡著了」：睡了通常是會醒起來的，這容易和「不可逆性」混淆，也有研究指出兒童可能因而不敢入睡。

2. 勿說「死者沒有真正死了」：這和「無機能性」混淆。兒童可能無法了解成人其實是善意的比喻，這還需要再多一些引導或者和孩子一起面對失落與悲傷，才比較容易讓兒童了解。例如一起談論往事，一起看相片，一起到和往生者共處的環境中回憶，觸景生情時，自然容易感覺到「只要我在心中想念，他仍然可以活在我的記憶中」。這可見成人可能也欠缺有關失落與悲傷的教育（參張淑美、吳慧敏合譯，2003）。

3. 勿說「死者是去旅行了」：同樣地，旅行通常是會回來的，也有目的地，這和「不可逆性」混淆，也阻礙孩子自然地發洩悲傷情緒。容易讓孩子寄望思念的人從遙遙無期的旅行回來，說實在也是很令人不忍的（無奈，筆者也聽聞許多不忍讓老人家知道成年孩子已死亡的事實，一直善意欺騙老人家：

「孩子人在國外……」，不禁令人鼻酸）。

4. 勿說「死者是被上帝（神明）帶走了」：雖是某些宗教的說法，但仍要就事論事來說明，否則容易讓孩子因為不了解而對上帝或神明憤恨，憤恨又會擔心受罰或罪惡感。這不僅和「普遍性」與「原因性」混淆，也容易讓孩子承擔不可負荷的負面情感。

5. 勿以「上天堂、下地獄」來比喻死亡：也是和「普遍性」與「原因性」混淆。也可能造成孩子過度害怕自己犯下的錯誤；也可能會造成上述死亡概念中「非肉體延續性」的思考，導致想像死後的世界，不是快樂天堂，就是恐怖地獄；造成孩子可能過度喜死厭生或是過度的死亡焦慮（張淑美，2006c；Israel Orbach 著、高慧芬譯，2002），實在值得大人們反思。

筆者主張「自然之事，自然以對」；上述五項說法就是以不自然的諱詞來逃避死亡的事實，然而相關研究指出這反而會製造更多的疑問。他如大人常說「死了就是去蘇州賣鴨蛋」的說法，不僅不能回答兒童的問題，反而增加更多困惑。不過，上述說法並非絕然不可，應該慎用並且注意孩子的個別差異與認知發展，有些孩子很早熟，有些家裡就有堅定信仰，可以讓孩子除了知道死亡的事實之外，還有信仰中的說法。

二 三要

1. 坦誠：「知之為知之；不知為不知」，避免上述五種情況，而是坦然告訴孩子「我真的不知道，但是我覺得，我相信……（例如：媽媽相信奶奶一定跟阿彌陀佛去西方極樂世界……），並且和孩子一起討論，這有時會是很令人感動的生

命交會。

2. 接納：包容與接納孩子的情緒或疑問，能夠帶給兒童信心與勇氣來面對失落。

3. 簡要：例如告訴兒童說：「生病就死了」、「老了就死了」，都是太簡略的連結，必須扼要說明過程中間的因果關係，並注意孩子的理解能力。

三　三問

1. 兒童「想」知道什麼？可用反問法評估其動機，免得過度與過多的解釋，可能造成孩子的負擔，也無法滿足他們的疑問。

2. 兒童「該」知道什麼？指須注意個別差異與兒童的情緒狀態等等。

3. 兒童「能」知道什麼？指須配合兒童的死亡概念發展，如前面所述的大致發展階段。有一個國外的案例是一名七歲的女孩屢以跳樓自殺來抗議父母的爭吵，並滿足其受注意的需求，家人及醫護人員對她都束手無策。治療師問她有看過真正的死亡嗎？女孩說看過狗死掉，僵硬地倒在地上，動也不動了……。女孩因此知道自殺如果成功的話，也會和死狗一樣（引自 Israel Orbach 著、高慧芬譯，2002），從此再也不敢以死相逼了。所以，要藉周遭事物或象徵性的媒介來了解與教導兒童的死亡認知與疑問[2]。

---

[2]　生死學大師庫柏‧蘿絲（Kübler-Ross）非常強調象徵性語言的使用，尤其是用在與兒童溝通生死問題上，詳參庫柏‧蘿斯，林瑞堂譯《你可以更靠近我──如何教兒童看待生命與死亡》（台北：張老師，2001）。

肆）結語——「總有一天等到你,早知道早幸福」

　　「生是偶然,死是必然」,死亡是每個人遲早都會面臨的問題。然而,談生何易,教死也須謹慎,但不宜避諱不談,反而是需要整個社會一起覺醒死亡對生命的重要,讓社會、家庭與學校中能更公開自在地討論死亡,進而珍惜與分享生命的可貴。大人須重新自我教育,才能坦然自在地和「兒童哲學家」談生說死,讓孩子自幼即在自然的時機中了解生死真相,感受生命中的悲歡離合,進而建立較積極正面的人生觀與價值觀。屆時,大人說不定還會被兒童天真可愛的想法所敲醒,上了寶貴的生命教育課呢!

）參考書目

Alexandra Kennedy 著、張淑美、吳慧敏(合譯)(2003)。生死一線牽——超越失落與悲傷的關係重建。台北:心理。

Israel Orbach 著、高慧芬譯(2002)。不想活下去的孩子——自殺心理分析及治療。台北:心理。

Kübler-Ross 著、林瑞堂譯(2001)。你可以更靠近我——如何教兒童看待生命與死亡。台北:張老師。

黃啟峰(2004)。高雄地區國小高年級學童死亡概念、死亡態度之研究。國立高雄師範大學教育系課程與教學碩士班碩士論文,未出版,高雄。

張淑美(1989)。兒童死亡概念之發展研究與其教育應用。國立高雄師範大學教育研究所碩士論文,未出版,高雄。

張淑美（1996）。死亡學與死亡教育。高雄：復文。

張淑美（1998）。兒童面對死亡的情緒反應與其處理：兼談死亡的準備。台灣教育廳：輔導通訊，54，56-59。

張淑美主編（2001）。中學生命教育手冊——以生死教育為取向。台北：心理。

張淑美（2006a）。台灣地區生死學相關碩博士論文之評析 —— 領域建構與展望。載於張淑美，「生命教育」研究、論述與實踐——生死教育取向（1-50）。高雄：復文。

張淑美（2006b）。生死教育。載於林綺雲等著，實用生死學（第二章）。台中：華格納出版社。

張淑美（2006c）。從自殺傾向死亡概念與態度析論生死教育與自殺預防。載於張淑美，「生命教育」研究、論述與實踐——生死教育取向（181-192）。高雄：復文。

劉惠美（1988）。幼兒死亡概念之研究。國立台灣師大家政研究所碩士論文，未出版，台北。

Brent, S. B., & Speece , M. W. (1993). "Adult " conceptualization of irre-versibility: Implications for the development of the concept of death. *Death Studies, 17,* 203-224.

Leviton, D. (1999). Death education: Its status and potential. *Taiwan Hospital Organization: Taiwan Hospital Care Magazine, VOL.14,* NOV. 3, 3-19.

Nagy, M. (1948). The child's theories concerning death. *Journal of Genetic Psychology, 73,* 3-27.

Speece, M.W. (1987). *The development of three componets of the death concepts.* Doctoral dissertation of Wayne State University.

Speece, M.W., & Brent, S.B. (1996). The development of children's under-
standing of death. In C. A. Corr & D. M. Corr (Eds.), *Handbook of
childhood death and bereavement* (pp. 29-50). NY: Springer Pub.
Com., Inc.

本文轉載自：《學生輔導季刊》（原稱為《學生輔導雙月刊》）93
期（2004.07），頁166-175，並經部份修訂。

第十一章

把生命教育融入各科教學
兼談減輕課業壓力的商榷

何福田

壹) 從四分之一國三生曾想自殺說起

　　最近媒體報導，有四分之一的國三學生曾經有過自殺的念頭，我以為這是一則十分駭人聽聞的消息。從發展心理學的角度來看，國中生正值青春期（puberty），屬於身心快速改變的風暴期（storm stress），本來在生活上的難題就比其他各發展階段為多。但是四分之一的國三生曾有過自殺的念頭並不是一直都這樣的。國中生都在青春期，都在風暴期，這是一直都這樣的，但四分之一想自殺則是現在獨有的，以前不曾有過這麼高，以後不知道。

　　國中生想自殺是個嚴重的問題，應該引起各界的重視；如果中學生殺人，那就是更為嚴重的問題，不應該只是引起各界的重視而已，更應該立即行動，解決問題。近若干時間以來，德國有中學生持槍打死許多老師與同學，美國中學生持槍掃射同班同學時有所聞，

台灣則有飆車青少年攜帶土製炸彈對路邊行人投擲，這些瘋狂舉動，雖說原因可以理解，但結果超乎吾人預料，難怪教育工作者與社會各界都認為是「教育大災難」。

二十世紀由於科技經貿的發達，給人類帶來了前所未有的財富，人類確實享受到科技文明的賜與；但是由於人文關懷未能有如科技經貿相偕以進，相對地被遠拋在後，於是也發生許多光怪陸離之事，讓人們感覺得此失彼，並無幸福可言。原想人類經過二十世紀的教訓，二十一世紀是個嶄新的、充滿希望與期待的世紀，可以遠離悲傷、痛苦與恐怖，但是首先登場的卻是有四分之一的國三生曾經有過自殺的念頭，這不能不說是二十一世紀初的「驚爆」。我們不禁要問：為什麼會這樣？

貳 ）「不知生，焉知死？」生死兩茫茫

國人在日常生活中很少談論「生與死」的問題。我們一向對於生的相關問題未有足夠的研究：人是如何獲得生命？如何養生？年輕人仗恃其生命力旺盛，多半不加珍惜身體，常使體力透支，如沉迷於網咖而竟有死於非命者，真正注意到養生之道者絕大多數都已過壯年，已經日薄西山才開始「要活就要動」，顯然只能亡羊補牢。我們對於死的問題研究更少，向來視為忌諱。近年來因為國外對於「生死學」的研究漸成風氣，因而帶動國內少數學者投入此一領域的探索，逐漸引起國人的注意，可望在不久的將來，社會上便可打破討論死亡的禁忌，屆時將對生死問題有較為健康的看法與體認。其實古人早說過「死生亦大矣！」這句話，可惜人生這兩件大事，我們一直了解不多。

年輕人在人生各個階段中猶如旭日東昇、朝陽璀璨的時刻。人生許多重責大任、權利義務都不需要年輕人承擔，他／她們的責任被規範為「學習」，但因為「生命」之事學界向來本就少有研究，所以年輕人的學習課程中也就沒有多少這方面的討論與體驗，故其對生命的意義不夠了解，本為意料中事，為什麼他／她們會不夠了解？這是成人的責任。

在我們的教育體制或系統中，表面上是很重視通識教育的，因為常常有學者專家大聲疾呼通識教育的重要。事實上就是因為沒有實質的重視，有識之士才要常常呼籲。何謂通識教育？答案很多，可能是最難獲得「通識（共識）」的諸多問題之一。不管它是否受到時空性、偶發性，甚至各種意識形態的影響，確實無法找到一個放諸四海而皆準的通識教育作法，但是「人之所以為人的基本要求」並不因為找不到公認的通識教育之定義就不需要。當今社會的確有一些人連「人之所以為人的基本要求」也沒做到，否則他不會姦淫擄掠、燒殺搶奪。美國哈佛大學是世界名校，它有五十個通識教育學分，而國內大學現在只有八個學分，相差如此之大，難道是哈佛大學有錯？這肯定對我們學生會有影響。我們的青年學子學習「做人的道理」這一類的課程，被各個強勢的專業領域所支解，現在反過來責備年輕人沒有通識素養，對年輕人來說未必公平允當。我認為這也是成人的責任。

參　七情未能發而皆中節

人非草木，孰能無情？我們在日常生活中難免會碰到喜、怒、哀、懼、愛、惡、慾七情的發洩。發洩得當，對身體有益；不發洩，

或發洩到極點，可能就會出毛病。比如「樂極生悲」、「哀莫大於心死」（哀至極點遂致心死而無覺，此與死人何異？）等等，可見不宜縱情而須節制。

情緒不發洩與無節制的發洩都不好，只有「發而皆中節」才是好的。怎樣才能發而皆中節，這不是天生的，這要靠教育，要有人指導才能做得到。現在大家都能接受 EQ 的重要性不亞於 IQ 的觀念，甚至認為 EQ 重於 IQ。把情緒發洩到「中節」，就是擊中節骨眼，就像把箭射中靶心，這不僅要有人教、有人指導，可能還需要經過若干時間的練習、體驗。我們的學校教育有沒有提供這方面的學習與練習？即使有，可能也不夠。那麼，年輕人發洩情緒不得當，難道都是他／她們的責任嗎？

在七情中，喜、愛為一個相同的面向，屬於大家比較喜歡的；而怒、哀、懼、惡為另一個同類的面向，屬於大家比較不喜歡的；至於慾屬於中性的面向，可好可不好。喜歡與不喜歡並不是重點，重點在表現得是否恰到好處。該喜而無喜感猶如無喜，該怒而不怒過於壓抑，可能轉成心因性疾病出現。慾望並非全好全壞：我想全力以赴，戮力從公，多為人們謀福利，這就不壞；我想縱情美色，殺伐異己，這就不好。

肆　課業挫敗能培養挫折容忍力嗎？

國中生正處於人生各發展階段的青春期也是風暴期，本就容易多愁善感，如果又有新的問題摻和進來，就會風助火勢，加重問題的嚴重性。國中生剛巧結束六年熟悉的環境，進入另一個嶄新的環境，一切適應須從頭開始，壓力已經形成，如果課業突然加重，科

目逐漸增多，絕大部分的國中生都會產生困擾而有嚴重的挫折感，這種情形只有極少數的人不會遇到。

　　我從一九六八年實施九年國教開始就注意國中學生的行為困擾問題，更於一九六九年六月提出《國民中學學生行為困擾的調查研究》碩士論文。當時發現國中學生最普遍的困擾就是學校的課業壓力（我害怕功課不及格，65.62%），後來我一直很注意這個問題，到現在課業困擾依然存在，並無減輕的跡象。

　　最近我因為兼管研習會業務，協助教育部推動九年一貫課程的實施，由於職責所在，對於國中生的課業困擾，常在想：為什麼國中生一定要有這麼嚴重的課業困擾？為什麼持續三十多年不能改善？難道這是一道命定無法解決的難題嗎？我再三思索這個問題的答案。

　　九年一貫課程的特色之一是綜合幾個學科成為一個領域，如把本國語文、外國語文、本土語文綜合成「語文領域」，把歷史、地理、公民等綜合成為「社會領域」。這個特色造成部分教師的困擾，他們說我原來是教歷史的不會教地理，也不會教公民。想想看，所謂「領域」是指某一個範圍之內而言，可以綜合成一個領域就表示這些科目之間本來就有會通之處。老師已經是人群中的佼佼者（普通人無法做老師這個工作）尚且不願也不敢教可以放在同一領域內比較不熟悉（以前都學過，也高分及格）的教材，可是我們卻強迫一般學生，甚至學習能力較低的學生樣樣都要學，樣樣都要及格，這樣要求學生，難怪課業壓力永遠是國中生的嚴重困擾，永遠沒有改善的希望。

　　假如學過的就可以用得上，那起先辛苦一點，把希望放在未來，也還有一些道理，就怕花時間、傷腦筋、沒有成就感，反而有強烈自卑感、想自殺，勉強學了一些，結果在日後的生活上卻用不上，

那才冤枉（以前歐洲的文法中學強迫學生背誦日常生活，甚至終其一生絕對不會用到的古拉丁文就是顯例）。看看那些不願也不敢教整個領域內教材的老師，他／她們以前也都學過這些科目，假如有用為什麼不拿出來用？教歷史的老師以前也學過物理、數學，現在到底有用沒用？現在不能用有沒有影響生活？假如沒有影響，現在也不會用，以前花那些冤枉精神做什麼？這些問題可不可以重新思考？可不可以鬆鬆綁？還是依然抱持「我反正苦過來了，年輕一代苦一點有什麼關係？」的報復心理？

學業挫敗，老是害怕功課不及格，學生當然會有挫折感。挫折容忍力比較差的學生可能就會出問題。如果遇到「恨鐵不成鋼」的導師，或各科領域中的教師都是很有責任感的，都要求學生學會他／她們所任教的科目，對資質普通的學生就會構成莫大的壓力。因此，如不特加注意，比方用特別好的教學方法來降低學生壓力，否則認真的老師愈多，學生的困擾就愈大。

學校該不該培養學生的挫折容忍力？這是個該注意的問題。如果應該，那麼作法就成為討論的重點。讓學生毫無挫折當然培養不了挫折容忍力，太多的挫折又會出問題，而且牽涉到個別差異：有的學生受得了；有的已經要他命。所以，老師是否「了解」某生的容忍力可以培養到什麼程度？這才是關鍵所在，可惜我們多半「不了解」。我們平常對兒童說太多的NO，這裡不能動，那裡不能碰；但對青少年沒有負起指導的責任，幾近採取放任的政策，否則為什麼為了參加偶像演奏會可以搭帳蓬排隊一個月，竟然父母不吭聲，師長不吭氣，沒有說NO？實在過於縱容（可以參加演奏會，但不可以為此在外過夜一個月，這要有規範），以致青少年成為脫韁野馬，無拘無束。英國歷史學大師湯恩比（Arnold Joseph Toynbee，

1889-1975）說：年輕人的脫序是成年人失職所致。

伍 擺脫困擾，珍愛生命

　　青少年碰到難題便鑽牛角尖，鑽到死胡同出不來便自殺了事，以為死可解決一切，被「一了百了」這句話所誤導。其實，死可解決部分問題，卻留下一堆問題，故非一了百了。

　　現在的年輕人受到課業的壓力可以自殺，可以殺人；收到異性朋友一封只寫「我不愛你了」五個字的信也可以自殺，也可以殺人。他完全不知道自己這條命是如何的得之不易，相對的，他也不知道別人的生命是如何的珍貴。因此，容易丟棄自己的生命，也容易踐踏別人的生命。

　　雖然生命教育並不在九年一貫課程的七大領域與六大議題之中，但實施生命教育，將生命教育融入各科教學卻是絕對的必要。一定要讓青少年知道每個人來到人世間已經欠了許多人的恩情，這不是輕易就還得完的，避不還債，何以為人？必須勇敢面對，力爭上游，對社會做更多的回饋，讓生命發光發熱，讓生命充滿希望。

　　現在，學校可以透過「課程委員會」討論如何將生命教育融入各科教學的具體作法。必須在適當的時機教導學生了解生命的來源、意義、價值，注意生死問題。學校有義務正視這三十多年來一直困擾著國中生的學校課業問題，認真地研究降低學生學習痛苦指數的實作方案，讓學生的學習生活愉快些，讓學生減少挫折，讓國民降低仇恨。學校不幫忙解決學生的困擾已經說不過去，如果反而製造學生困擾，豈不罪過滔天？

本文轉載自：《研習資訊》19卷4期（2002.08）。

第十二章

高中「生命教育」課程綱要重點與特色

孫效智

壹) 人生三問

　　任何一個人，不論是誰，也不論他在社會上扮演什麼角色，更不論他是富貴貧窮或疾病健康，都必須面對自己生命的三個基本問題：我為什麼活著？我該怎樣活著？我又如何能活出該活出的生命？第一個問題不簡單，古往今來很多有智慧的人都給過答案，所有宗教更是無一不致力於這個問題的解答。不過，生命的答案，終究必須自己去尋求。由外而內的答案如果不能得到由內而外的相應，那麼，答案即使是正確的，恐怕也只會擦身而過，與我們無關。第一個問題是人生最根本的問題。人偶然有了生命，卻必然邁向死亡，如何在這必死的人生中，肯定活著的意義與目的，實乃人生大哉一問。此問如果找不到答案，或者，如果一個人認為它根本沒有答案，那麼，後面兩個問題也就很難提出，更遑論答覆了。

　　如果一個人在第一個問題上能突破成、住、壞、空的無常，能不陷溺於虛無主義或享樂主義的羅網中，那麼，他必然會關切第二與第三個問題。第二個問題也就是人該怎樣活著的問題。這不只是一個道德或倫理的問題，或者，更確切的說，道德或倫理的問題從來就不只是形而下的實踐問題，而更是與第一個問題相銜接的終極課題。如果生命有一個終極目標，哪條道路會通向它呢？哪條路又是所謂的「在明明德，在新民，在止於至善」的大學之道呢？

　　現代人的存在處境不是「複雜」兩字所能道盡。在這複雜中，我們常常不清楚方向，也不知道何去何從。要不要繼續一份友誼、一場戀情或一個婚姻？在鼓勵情慾解放的時代裡，又該如何看待劈腿與外遇？在後現代的今天，當結婚誓詞從「終身不渝」的盟約轉變為「當感覺還在時，我保證愛你」的契約，忠誠還有什麼意義？澳洲男老師嫖妓嫖到女老師，男老師沒事，女老師遭教育局處分。其後教育局則遭指控兩項罪名：性別歧視以及違反老師下班後之性工作權。究竟老師有無性工作權？性交易若有問題，何以僅單方面受罰？在人我的給與受之間又該維持怎樣的平衡呢？該如何面對立場各異、背景不同的人？該如何寬恕？無意的傷害也許容易原諒，但刻意的呢？而什麼又是刻意的傷害？可惡之人必有可憐之處，但在可惡與可憐之間，該如何拿捏？在仁慈與正義之間又該如何平衡？最後，關於生死也有很多難解的習題，例如：如果不能為了醫學發展的理由而殺死一個健康的嬰兒，何以可以拿人類胚胎來做實驗？受精卵、胚胎、胎兒、嬰兒這條連續發展的過程中，究竟有什麼重大的差異可以證成差別待遇？此外，面對「點燃生命之海」中那位受傷而全身癱瘓二十八年的西班牙人要求自殺協助時，我們該站在哪個位置上？Pro-life 或 Pro-choice？可不可以如他所要求的，提供他

自殺的協助或助其安樂死？在極大而無希望的痛苦中，如何要求或邀請人貫徹活著的勇氣？總之，明辨善惡說來很輕鬆，但在不足為外人道的人生點滴中知善知惡，實在不是容易的功課，這是人生第二個大哉問。

第一個問題與第二個問題都是「知」的問題，第一個問題是有關人生目標與意義的「知」，第二個問題是有關人生實踐之道的「知」。不過，人生問題除了「知」之外，還有「行」的問題。一個人即使知道人生有值得追尋的目標，也知道通往目標的道路何在，但卻沒有力氣上路，或偏偏往相反的方向跑去，那麼，這所有的「知」都是枉然。人生誠然有很多事情是知難行易的，但也有更多是知易行難或知不易行更難的。如何調和知行，使其合而為一，是每個人必須提出並解決的第三個問題。人為什麼會知一套、做一套？又為什麼「言其所信，行其所言」是那麼不容易達到的境界？這就涉及到知情意行是否統整（integrity）的問題。身心靈統整的人才能夠「誠於中，形於外」，活出應該活出的生命。

分開來看，上述人生三問各有其獨立之旨趣，不過，合起來看，它們之間是相互為用的。知之愈深，行之愈篤；行之愈篤，知之愈深。真知與力行之間具有一種良性循環，使得越明白的，越能去力行；而越能去力行的，也越能有真切的明白。這正是佛教說「悲智雙運」的精義。

貳　生命三學——生命教育的目標

長久以來，我國教育偏重工具理性，忽略目的理性，致使更為根本的生命課題受到忽略，而教育的目標則本末倒置。上述人生三

問正是最受到忽略的生命課題。忽略的結果是：社會上瀰漫著人生觀模糊、意義感空洞、價值觀混亂與人格不統整的情形，並由之衍生出種種輕賤個人生命、傷害他人生命；只有利益，沒有公義的現象。依此，如何針對深層的生命課題，進行生命教育，實屬刻不容緩之工作。

針對「人生三問」，生命教育應包含「生命三學」，其目標如下：

1. 引領學生進行終極課題與終極實踐的省思，以建構深刻的人生觀、宗教觀與生死觀。

2. 培養學生道德思考能力，並學習「態度必須公正，立場不必中立」的精神，來反省生命中的重大倫理議題。

3. 內化學生的人生觀與倫理價值觀，以統整其知情意行，提昇其生命境界。

一言以蔽之，生命教育即探究生命中最核心議題並引領學生邁向知行合一的教育。此次高級中學課程綱要修訂將生命教育納入規劃，可以說是撥亂反正的第一步，它不僅將開創我國教育史上的新里程，即使從普世教育發展的現況來看，以如此宏觀細密的方式來促進學校全人教育之內涵者，亦屬少見。本課程如果能夠落實，將在生命議題的探索及價值觀的內化上，大大匡正傳統課程之偏頗與不足。

從學理言，生命教育的三項目標包含三個環環相扣且彼此交互為用的議題領域，它們分別是：1. 終極關懷與實踐；2. 倫理思考與反省能力的培養；3. 人格統整與靈性發展。以下將先說明它們各自之內涵，再說明它們彼此之間環環相扣的關係。

參）生命教育的三大議題領域

一　終極關懷與實踐

這涉及的是人生最終極的課題，這包含了必死的人生究竟有何意義、又如何去開創其意義的人生哲學問題，也包含了有關死亡的省思與實踐的各種死亡教育課題，還包含了有關超越界與聖界信仰的宗教教育課題。

生命意義的肯定與開創可以說是一切意義與價值肯定的基礎。人生不是只有吃飯、理財與男女，更不是只有統獨、政治與科技島等議題值得關懷。人做為萬物之靈、做為宗教學者如拉內（Karl Rahner）口中所謂的「發問的存在」，本質上就不只是追求實用功利的經濟動物而已，而還要探求意義與理想，並以之做為人生的出發點與歸依。人對自己及周圍的一切存在發出疑問並渴望答案。一個人即使肯定道德價值，亦了解道德所要求者何，但設若不能肯定生命整體為有意義，那麼，他便很難從生命的終極空洞中擷取實踐道德的動力。事實上，生命本身如果只是一團無明之氣的偶然聚散，那麼，一切是非分別、愛恨情仇、高峰低潮、乃至國家興亡、文明發展，都顯得貌似煞有介事，但事實上只是虛中之虛，幻中之幻。[1]由此可知，攸關意義探索與安頓的人生哲學課題何其重要。

---

[1] 這正是羅素（B. Russell）在他的無神的科學宇宙觀中所揭示的無意義的生命圖像（image of meaningless life）。參閱：B. Russell, "A Free Man's Worship," in Ethical Theory: Classical and Contemporary Readings, ed. L. Pojman (Belmont: Wadsworth, 1989), 528-32.

　　然而，很遺憾地，如此重要的人生哲學問題在庸庸碌碌的現實生活中，卻常常不容易受到重視。飲食男女與功名利祿的追逐往往盤據了人們日常生活的整個心靈。從這個角度來看，死亡教育有如當頭棒喝，提醒在濁世中翻滾的人們：「你可以忘記死亡，死亡卻不會忘記你」；更提醒人們，「賺得全世界卻失去自己的靈魂，並沒有什麼好處。」依此，死亡的必然固然讓人渾身不自在或情何以堪，但正視死亡卻是追求人生真理的重要契機與開端。不碰觸死亡經驗或忽略死亡的教育無法開展出真正深刻的人生哲學教育。

　　另一方面，面對死亡果真就能超越生死嗎？追尋意義果真就能找到或安頓意義？這樣的問題大概已涉入宗教領域，因此是更為根本的人生課題。一般而言，人認識世界的主要工具是理性與經驗。不過，理性與經驗很難以超越現實人生的方式來觀照生命與世界的奧秘。從某種角度講，純粹依靠理性與經驗的死亡面對及意義探索恐怕若不是徒然無功，便至少是無法窺其全貌的。這就涉及到了人認識世界的另一重要方式——宗教信仰。世界各大宗教都提供有關存在終極實相的智慧或啟示，更提供人如何提升靈性、邁向聖境的超升途徑。如何在多元宗教的世界中欣賞不同宗教的傳統，並為自己找尋一條適合自己身心靈開展的朝聖路途，毋寧是每一個人最為重要的終極課題，亦是宗教教育所最關心的課題。

二　倫理思考與反省能力的培養

　　終極課題的安頓旨在確立人生整體的意義與方向，然而，人生不是只有生死與宗教等終極課題而已。在生死兩點之間，人有具體的人生要過，更有具體的「有所為或有所不為」要省思與實踐。談到省思就涉入了倫理學或道德哲學的範疇。倫理學首重思考與反省。

嚴謹而系統的倫理思考訓練是倫理教育或道德教育不可或缺的一環，但是這一環正是我國學校教育向來所最忽略者。影響所及，不僅學生的道德教育停留在膚淺表面或洗腦灌輸的層次，就連師資之培育過程也缺乏基本的倫理學訓練，以致老師們在對學生論及道德議題時，往往除了單向「說教」外，很難真正的「說理」，並進行有品質的雙向討論。而欠缺說理的倫理教育是很難成功的，因為它無法讓學生從自己內在的思考來領會與認同最重要的倫理價值。再者，在價值愈來愈多元化的今日社會中，思考與反省的重要性更是愈形重要。誠然，人們應該包容「多元」、擁抱「自主」。然而，「多元」很可能只是是非混淆的一種說詞，而「自主」也能夠是「只要我喜歡，沒有什麼不可以」的藉口。倫理思考與反省的目的在於探索道德的本質、判斷各種實踐的倫理意涵，使人在多元主義的洪流中能夠不陷溺於相對主義的困境中，並且能不僅知其然，且能知其所以然地掌握道德判斷的方法以及建構道德原則的思維途徑。

倫理思考的意義還可以用古人所說的「慎思明辨」與「擇善固執」來說明。「固執」是慎思明辨及擇善之後的一種堅持與實踐功夫，它必須以「擇善」為前提，否則就會成為「頑固」，也就是堅持了「吃人禮教」而不自知。而「擇善」則以是非善惡的分辨為前提，這就是所謂的「慎思明辨」。不先慎思明辨，無從擇善固執。以現代語言來說，倫理思考的訓練若能以深刻細膩的生命經驗為基礎，又能具有倫理學的系統性與嚴謹度，大概就離「慎思明辨」不遠了。

倫理學（ethics）亦稱道德哲學（moral philosophy），關心人應該如何生活，探索「善是什麼」以及「如何擇善」等課題。簡單地說，「善是什麼」屬於基本倫理學（foundational moral philosophy）

關心的對象,而「如何擇善」則是應用倫理學（applied ethics）的問題。前者是後者的基礎,後者是前者的運用,兩者互為體用。

　　基本倫理學希望透過理性思維與人性經驗來探索善惡的意義與特性,建構進行道德判斷及證成道德原則的方法理論。它的對象並非「如何擇善」這類具體的問題,而是解決這類具體問題所必須具備的思想架構。舉例來說,在探討「可否說善意的謊言」、「可不可以有婚前性行為」、「可否借人執照,抽取佣金」等具體倫理問題之前,必須先探討「為何可以或不可以」這個問題;而要掌握「為何可以或不可以」,則必須先探討善惡是非的意義。應用倫理學是基本倫理學在各個實踐領域的具體應用。個別的應用倫理學（例如醫學倫理）關心的是在特定實踐領域中如何建構一套完整的道德規範（例如完整的醫學倫理規範）,以及在面對具體的道德困境時,如何進行道德判斷（例如分娩中,若母子不能同時存活時,該怎麼辦?）等課題。道德規範的建構一方面應紹承傳統的價值觀,另一方面也必須就不合時宜的傳統思想進行解構與重構的工作,更應該就傳統思想所不曾思考過的新興議題（例如代理孕母或複製人）提出即時的反省,來幫助人們在現代社會中知所抉擇,而能尊重人我的生命,並活出人性的光輝。

三　人格統整與靈性發展

　　終極課題的探索與倫理議題的思考是「知性」面的生命教育。但生命教育不能只停留在「知」的層次,而必須融貫到人的身心靈與知情意行各層面,這就涉及到生命教育的第三個主軸,也就是人格統整與靈性發展的課題。事實上,無論終極課題或倫理議題都不只是知識的問題,而更是實踐的問題。「實踐」面若要將生命知識

內化為生命智慧，並將知情意行整合起來，使人達到「誠於中、形於外」的境界，就必須致力於人格的統整與靈性的發展。

什麼是人格統整可以由其反面，也就是人格不統整的諸多形式來理解，例如知行不一、心口不一、理性與情緒或理性與情慾之間的對立、自身價值觀的衝突與身心靈的不和諧等。具體地說則例如：明明知道多找的錢應該退還，卻讓貪心蒙蔽而沒有退還；明明知道不該亂發脾氣，但當別人惹我時，卻還是控制不住；又或者明明已經結了婚且有了兒女，但面對吸引人的公司同事，卻情不自禁想發展一段不該發展的關係等。人常常就是這樣，知道是一回事，做不做得到卻是另一回事。這就是「知行不一」或人格不統整（integrity）的問題。「知行不一」是最困難的道德問題，也是任何道德教育所不能不面對的嚴肅課題。規避這個課題，道德教育將只剩下道德知識的灌輸，而與道德教育的真正目標背道而馳。

人格統整首要是指身心靈的統整，以及由之而來的知情意行的統整。孔子所說的「從心所欲不逾矩」正是一種知行高度合一或人格高度統整的境界。要怎樣才能達到這個境界呢？首先必須徹底了解人格不統整的原因，然後才能正本清源，提升統整度與靈性境界。不統整的原因大概包含三方面，其一是人生觀與人生體驗的膚淺所導致的價值觀的無法內化，因而無法形成「誠於中、形於外」的力量。例如：人們大多都聽過「吃虧就是佔便宜」這句話，而且也認同其中的道理，但人們還是喜歡佔小便宜，並且不喜歡吃虧。這是什麼原因呢？原來，一般人的認同只是一種表淺的肯定，而不是一種深層的信念。何以故？這是因為人的直覺雖然隱約知道它的道理，但由於缺乏深刻的生命經驗去印證它的真切性，更缺乏深刻的人生觀去支持這個信念，因此很難將它真正內在化並在實踐上貫徹它。

　　不統整的第二層原因在於知性與感性的分裂，這可以表現為情緒智商（emotional intelligence）的低落；也可以是「利令智昏」或「色令智昏」的愚昧。人即使有正確的人生觀，也有正確的實踐原則，並不保證就能知行合一，因為情緒平穩時的「心嚮往之」不一定表示在情緒混亂時仍然能夠「從心所欲不逾矩」。知性與感性的統整包含的課題很多，而且都很重要，例如：憤怒情緒的處理、寬恕與道歉的學習、貪婪與吝嗇的化解、狹隘心胸的開擴、男女情欲與真愛的分辨等。在這些問題上如果不能致力於統整的修養，知行之間的分裂將持續腐蝕個人的人格以及人與人之間的關係。

　　身心靈不統整的第三層原因是靈性層次的無明。由於人不只是一種身體性的存在，而更是一種既超越又內存於身體的靈性存在，因此，人的人格統整問題不能忽略靈性的幅度。靈性的「內存性」指的是那在身體內，但卻能自覺與覺他的神性我的存在，而靈性之「超越性」則表現為神性我不受身體之束縛、渴望真理、追求美善、嚮往永恆並虔敬神聖的無限向度。

　　東西方宗教與文化傳統均提供許多靈性發展與修行的途徑。從身心的層次來看，包含適當的飲食、運動、靜坐、默觀等；從神性層面來看則包含在日常生活中與聖界的相遇，以及分分秒秒涵泳於智慧、慈悲、寬恕、懺悔、感恩、信心、希望、委身等神聖的氛圍中。靈性發展成就人格之內在和諧與統整，而人格統整則連結知與行，使人的終極關懷與倫理反省得以內化並外顯為真誠的實踐。

　　生命教育所包含的三個領域——終極關懷與實踐、倫理思考與反省能力的培養、人格統整與靈性發展——是相互關連的，而且必須統合觀之才構成完整的生命教育。蓋生命教育以知行合一為目標，而知行之間具相互為用性：深刻的力行能帶來深刻的真知，而深刻

的真知又能推動人進一步身體力行。從第一個領域所涉及的終極課題來看，這是知行合一所不能或缺的深刻真知，涉及人生觀、生死觀及宗教觀等終極智慧的涵養。終極智慧賦予人生意義與目的，並提供人生實踐的終極基礎。欠缺這個基礎，道德實踐的意義便很難確立。意義一旦確立，人必須進一步透過慎思明辨來建構實踐的倫理價值體系。這就涉及了倫理思考與批判能力的養成。而終極智慧與倫理價值不能只停留在「知」的層面，必須融貫到人的知情意行與身心靈各層面，這就構成了生命教育的第三個向度，也就是有關人格統整與靈性發展的課題。人的人格愈統整、靈性愈清明，則對於生命的智慧就愈能有終極的了悟；而人生的終極智慧愈深刻，則愈能強化倫理思考與實踐的能力；倫理思考與實踐能力的提升復又增進人格之統整與靈性的發展。如此週而復始、綿綿不已，便形構生命教育引領受教者向上超升的正向循環。

肆 高中生命教育選修課程的架構

此次高中生命教育類選修課課程綱要之建構是由十數位國內相關領域之專家學者，以一年之時間通力合作而完成。課程的架構依循生命教育三大範疇（終極關懷與實踐、倫理思考與反省能力的培養、人格統整與靈性發展）為原則，並在考量選修課之特殊性質與限制後，共規劃了八科各兩學分之課程。其中，「生命教育概論」是最基礎的入門課程，而「哲學與人生」、「宗教與人生」、「生死關懷」、「道德思考與抉擇」、「性愛與婚姻倫理」、「生命與科技倫理」及「人格與靈性發展」等則為七科進階課程，各科名稱及綱要召集人詳見表 7-1：

表 7-1　生命教育類科選修課程規劃草案
（2004.8.25 教育部版本）

課程名稱	學分數	說　明	負責人
生命教育概論	2	一學期	孫效智、連監堯
哲學與人生	2	一學期	黎建球、曾煥棠
宗教與人生	2	一學期	釋慧開、陳德光
生死關懷	2	一學期	趙可式、紀潔芳、張淑美
道德思考與抉擇	2	一學期	孫效智、連監堯
性愛與婚姻倫理	2	一學期	陳秀蓉、連監堯
生命與科技倫理	2	一學期	蔡甫昌、孫效智
人格與靈性發展	2	一學期	吳庶深、陳德光、張利中

　　「生命教育概論」一科是生命教育的入門課程，內容涵蓋了七個進階課程中最基本而重要的議題，目的在於對生命教育整體提供一種梗概的導論，做為進階學習的基礎。

　　由於選修時數有限，且生命教育教師及教學資源均尚待開發，而各高中在升學壓力與生命教育教學間亦需求取平衡，故生命教育選修課程之開設恐怕很難在一開始就推出所有八科的課程，而必須循序漸進。若學校在學生三年學習中只能提供兩個學分之生命教育，建議開設生命教育概論，俾讓學生對於根本的生命課題有所涉獵與探討。若學校認同生命教育的重要性，且也逐漸克服實施的各種困難，則也許可以「校定必選」的方式，安排學生在高中三年中按部就班學習生命教育概論及其他七科進階課程。

　　七科進階課程係按照生命教育規劃理念的三大範疇而建構者。「哲學與人生」、「宗教與人生」、「生死關懷」三科分別屬於人

生哲學、生死學及宗教教育等終極課題與終極實踐的探討。至於「道
德思考與抉擇」、「性愛與婚姻倫理」、「生命與科技倫理」則屬
於倫理議題之思考與反省訓練。其中，「道德思考與抉擇」屬於後
設倫理學與規範倫理學的範疇，目的在於探究道德的本質與道德規
範的意涵，並引領學生學習道德判斷的方法。至於「性愛與婚姻倫
理」、「生命與科技倫理」則是當代應用倫理課題中至為重要的兩
個實踐領域。我國這些年來相當重視「兩性教育」，不過，從教育
部推動的兩性教育內涵來看，大多只集中在兩性平等或平權的議題，
而較忽略當代兩性議題在廣度與深度上的各種倫理意涵。是以「性
愛與婚姻倫理」一科希望彌補兩性平等教育之不足，而引領學生在
性愛與婚姻所涉及各層面的重要倫理問題上，有所探討與省思。人
格統整與靈性發展部分目前只規劃了「人格與靈性發展」一科，目
的在於探究人格統整與靈性修養所涉及的各種議題，期能引領學生
達到身心靈正向發展與知行合一的理想。

　　生命教育雖屬選修課程，但其內涵價值對於每個學生或每個人
而言，卻都不是可有可無的。若學校能體認生命教育的重要性，並
能克服各種困難來實施它，實為學生之福，亦為社會整體之福。一
位集中營生還的猶太人吉諾特寫了一封信給老師們，信中所言，值
得所有教育工作者深思：

　　　　親愛的老師，我是集中營的倖存者，我看到了一般人
　　未見之處，瓦斯房是由博學的工程師建造，兒童是由受過
　　教育的醫生所毒死，嬰兒被訓練有素的護士謀殺，婦女和
　　嬰孩被知識份子射殺、焚燒。所以，我懷疑教育。我的請
　　求是，希望你們幫助學生做一個有人性的人，永遠不要讓

你們的辛勞製造出博學的野獸、身懷絕技的精神病人或受過教育的怪人。讀寫算等學科只有用來把我們的孩子教得更有人性時，才顯得重要。

伍) 實施學期與時間分配

以下將不考慮升學主義或其他現實困境，純從理念上來論述生命教育各課程之適當實施學期與時間分配。個別學校可以斟酌學校特性，逐步從現實往理想的方向邁進。

原則上，由於生命課題無時無刻均需面對，而生命智慧亦需學而時習之才能精進發展，因此，高中生的生命教育應成為一種持續不輟的學習，理想的情形是每學期均能實施一科（或以上）的生命教育的課程。尤應避免僅在高一或高二實施，而於高三停止施行之情形。蓋此情形正是一種結構性的反生命教育，它等於向學生宣示說：為了升學，故人格、人際與人生問題皆可拋。如此教育所培養出來的學生自然容易變得只有自我，沒有他人；只有利益，沒有公義；只有媚俗之追求，而無神聖之理想。事實上，即使從升學角度來看，高三學生只讀考試科目而忽略生命其他幅度，是否真有利於考試之成績，還屬未必可知。蓋生命課題受到壓抑或忽略的學生，如同腹背受敵般，極可能不利於其讀書所需之專注與考試之準備。

建議學生每一學期至少修習一科目（兩學分）之生命教育課程，一年級上學期先修習「生命教育概論」，而後每學期可輪流在三大議題範疇中開設生命教育進階課程。例如高一下先開設「生死關懷」，以開啟學生後續進行人生哲學與宗教課題省思的能力；高二

上開設「道德思考與抉擇」，以培養學生從事道德思維的能力；高二下開設「人格與靈性發展」，做為學生統整身心靈與知情意行的基礎。高三上可在「哲學與人生」或「宗教與人生」間擇一開設，探索人生整體之意義，以安定準備考試者之身心，高三下學期則開設「性愛與婚姻倫理」或「生命與科技倫理」，俾便準備學生思考人生具體倫理問題的能力。如此循序漸進，高中學生三年可完成六科生命教育課程之學習。至於另兩科目之學習或可針對已通過學測而確定就讀大學之高三下學期同學或其他特別感興趣的同學來開設。

　　時間分配方面，生命教育每一科目之設計均以每週連續上兩節為原則，俾便討論交流或體驗實踐等性質之教學活動能有充分時間進行。實施與評量方法，請參考生命教育各科綱要。高中生命教育八科綱要全文及相關網路資源，請參考生命教育全球資訊網（http://life.ascc.net）。

　　師資培育部分以現職高中教師接受第二專長之培訓與認證為最快速可行之方式。目前台灣生命教育學會正與台大進修推廣部合作，辦理第一期之高中生命教育師資培育，第一批學員已在二〇〇五年七月取得生命教育專長。第二期師資培育將在二〇〇六年四、五月開始報名，同年八月開始課程。期盼全國各高中職校長與所屬教師來共襄盛舉。

國家圖書館出版品預行編目資料

生命教育／何福田策畫主編. --初版.--臺北市：
心理，2006（民95）
面；　公分.--（生命教育；11）
含參考書目

ISBN　978-957-702-859-4（平裝）

1. 生命教育

528.39　　　　　　　　　　　　　　94025133

生命教育11　**生命教育**

策畫主編：何福田
作　　者：何福田、吳榮鎮、鄭石岩、孫效智、陳浙雲、丘愛鈴、
　　　　　吳庶深、黃麗花、紀潔芳、劉可德、張淑美
執行編輯：李　晶
總 編 輯：林敬堯
發 行 人：洪有義
出 版 者：心理出版社股份有限公司
社　　址：台北市和平東路一段180號7樓
總　　機：(02) 23671490　傳　真：(02) 23671457
郵　　撥：19293172 心理出版社股份有限公司
電子信箱：psychoco@ms15.hinet.net
網　　址：www.psy.com.tw
駐美代表：Lisa Wu　tel: 973 546-5845　fax: 973 546-7651
登 記 證：局版北市業字第1372號
電腦排版：龍虎電腦排版股份有限公司
印 刷 者：中茂分色製版印刷事業股份有限公司
初版一刷：2006年1月
初版三刷：2008年2月

讀者意見回函卡

No. _____ 　　　　　　　　填寫日期：　年　月　日

感謝您購買本公司出版品。為提升我們的服務品質，請惠填以下資料寄
回本社【或傳真(02)2367-1457】提供我們出書、修訂及辦活動之參考。
您將不定期收到本公司最新出版及活動訊息。謝謝您！

姓名：_____　　性別：1□男　2□女

職業：1□教師 2□學生 3□上班族 4□家庭主婦 5□自由業 6□其他_____

學歷：1□博士 2□碩士 3□大學 4□專科 5□高中 6□國中 7□國中以下

服務單位：_____　部門：_____　職稱：_____

服務地址：_____　電話：_____　傳真：_____

住家地址：_____　電話：_____　傳真：_____

電子郵件地址：_____

書名：_____

一、您認為本書的優點：（可複選）

　❶□內容 ❷□文筆 ❸□校對 ❹□編排 ❺□封面 ❻□其他_____

二、您認為本書需再加強的地方：（可複選）

　❶□內容 ❷□文筆 ❸□校對 ❹□編排 ❺□封面 ❻□其他_____

三、您購買本書的消息來源：（請單選）

　❶□本公司 ❷□逛書局⇨_____書局 ❸□老師或親友介紹

　❹□書展⇨____書展 ❺□心理心雜誌 ❻□書評 ❼其他_____

四、您希望我們舉辦何種活動：（可複選）

　❶□作者演講 ❷□研習會 ❸□研討會 ❹□書展 ❺□其他_____

五、您購買本書的原因：（可複選）

　❶□對主題感興趣 ❷□上課教材⇨課程名稱_____

　❸□舉辦活動　❹□其他_____　（請翻頁繼續）

廣 告 回 信

台 北 郵 局 登 記 證

台 北 廣 字 第 940 號

（免貼郵票）

心理出版社 股份有限公司

台北市 106 和平東路一段 180 號 7 樓

TEL: (02) 2367-1490
FAX: (02) 2367-1457
EMAIL:psychoco@ms15.hinet.net

沿線對折訂好後寄回

六、您希望我們多出版何種類型的書籍

❶□心理 ❷□輔導 ❸□教育 ❹□社工 ❺□測驗 ❻□其他

七、如果您是老師，是否有撰寫教科書的計劃：□有□無

書名／課程：_____

八、您教授／修習的課程：

上學期：_____

下學期：_____

進修班：_____

暑　假：_____

寒　假：_____

學分班：_____

九、您的其他意見

_____

謝謝您的指教！　　　　　　　　　　　47011